José María Lloreda

MANUAL PARA PADRES
primerizos

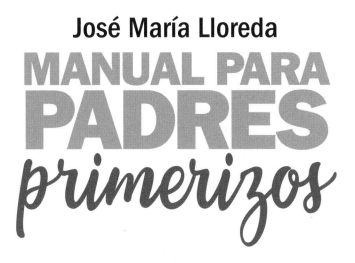

Salud • Editorial Arcopress
Directora editorial: Isabel Blasco
Diseño y maquetación: Teresa Sánchez-Ocaña
Corrección: Maika Cano

Imprime: Gráficas La Paz
ISBN: 978-84-17057-77-0
Depósito Legal: CO-2233-2018
Hecho e impreso en España - *Made and printed in Spain*

A todos los padres y madres.

Introducción

El nacimiento de un bebé es uno de los acontecimientos más importantes en vuestra vida, y la transición de ser dos a ser tres (o más de tres), es un proceso para el que la información es de mucha utilidad. Además de alegría, es posible que experimentéis nerviosismo, inseguridad y, a veces, pánico... si las expectativas chocan con la realidad.

Si, además, el parto es en el hospital, las dudas pueden aumentar porque el entorno no es conocido. Los padres y madres de un bebé estáis en una posición de defensa hacia vuestro vástago, y os pueden preocupar muchos problemas ficticios (pueden ser solo cosas que no conocéis). Incluso hay una tendencia a asustaros. Saben que por vuestro bebé haréis cualquier cosa. El miedo vende, y mucho.

El problema viene cuando la información que podéis encontrar es muy distinta de unos textos a otros, o de un familiar a otro, o de un experto a otro. Unos hablan del bebé y la maternidad como algo instintivo, místico y animal, nombrando sin parar al instinto, que a lo mejor ni lo tenéis ni sabéis dónde se puede «descargar»; otros, todo lo contrario, os enseñan que el bebé es un adulto pequeño y hay que disciplinarlo pronto, no cogerlo en brazos, enseñarle a dormir y conseguir que rechace el cariño que queréis darle ya con una semana de vida, porque eso malacostumbra a la criatura.

Ante estas posturas tan opuestas, es habitual zozobrar y sentir vértigo cuando llega el niño o la niña. Cualquiera acierta hoy en día.

Este libro no pretende sustituir el criterio de los padres y madres del niño, ni de sus pediatras, médicos de familia ni matronas. Solamente aporta información, sin ánimo de ser exhaustivo, en el mareante y cambiante mundo del cuidado de los bebés del futuro. También encontraréis opiniones convencionales y otras muy poco convencionales. Más de las últimas, me temo.

Desde el ingreso en el hospital, pasando por la llegada a casa y en el primer mes de vida, surgen dudas y hay temas que os preocupan mucho; en general, son problemas que no llegan ni a pasar. Muchos de los conceptos de este libro, incluso los que tienen soporte más sólido, pueden variar con el tiempo y las diferentes formas de crianza, por lo que hay que asumir que prácticamente en todo hay diferentes opiniones y opciones. Vivimos mejor que nunca, pero parece que hay más problemas que en otras épocas. Se fomenta una imagen de seguridad frágil, con el argumento de que determinados productos son «lo mejor para el bebé» (esta frase se repite mucho porque todo el mundo sabe qué es eso, menos vosotros, me temo). Se dice que hay que consultar con el pediatra, el sociólogo, el dietista, etc., para el cuidado de un bebé. Yo creo que no hay que consultar todas las cosas que le pasan a la criatura, sino que los padres y madres debéis ser capaces, sin ayuda de los profesionales, de reconocer a vuestros hijos y de hacer al menos las primeras valoraciones, sin esperar a que se os de el beneplácito social o técnico. Muchas decisiones solamente dependen de vosotros, de nadie más. Los profesionales a veces solo defienden la postura que ellos creen que es mejor, muchas veces porque es la que eligieron en su familia o en su ámbito cultural.

Los dogmatismos, las verdades irrefutables y las cosas sí o sí, no suelen existir. Cada familia cría a sus hijos según sus creencias y sus motivaciones. Y dentro del marco del código penal y de los derechos del niño, deberían dejaros a cada una hacer lo que quisierais siempre que se disponga de información suficiente para elegir en libertad. El cuidado actual de los bebés ha pasado de un conocimiento íntimo y cultural de cada familia a una delegación en manos de expertos que hace que muchos padres y madres os sintáis angustiados por no llegar a cumplir, ni de lejos, lo que se espera de vosotros. Y es que ser unos padres y madres perfectos cuesta mucho, básicamente, porque cada uno tiene una idea diferente de qué significa eso, cuando además lo realmente importante es ser el mejor apoyo para vuestro bebé, para el vuestro, no el de otro.

Antes, ser buen padre o madre era alimentar al bebé de forma frecuente. Ahora, hay que atender a sus necesidad emocionales, psicológicas, mentales, espirituales, físicas y sociales. Pero sin sobreestimular, infraestimular, sobreproteger, infraproteger; sin medicarlo de más, sin ser un padre «helicóptero», sin darle comida procesada, sin que vea la televisión ni una pantalla, sin que toque un plástico. Con conciencia social, sin ser autoritario, pero poniéndole límites, pero dándole independencia, pero sin ser permisivo. Dándole educación bilingüe o trilingüe, dándole algún hermano para que juegue, pero que no se lleven mucho tiempo, pero que no estén muy juntos. Y que no tome gluten ni aceite de palma y sí mucho aceite de coco. Y que no se olvide que hay que enseñarle a dormir y a emprender pronto. Y estar pendiente de si tiene altas capacidades, incluso antes de que tenga la sonrisa social. Y todo esto ya desde antes del parto. No vayamos a ir tarde. Así, entenderéis que es fácil encontrar personas a las que no les guste lo que hagáis. No se puede contentar a todo el mundo.

Se dan mensajes en muchas guías, validadas por expertos y asociaciones científicas, que son contradictorios, y que yugulan lo que a veces los padres queréis hacer con vuestros bebés. Por ejemplo, es frecuente que se diga que «la leche materna es lo mejor» (otra frase repetitiva, y muy cierta), pero mejor que no lo cojáis en brazos ni durmáis con él, todo en las mismas guías. He leído casi todas las que hay en España para hacer este libro y con muchas no estoy de acuerdo. En algunas solo dan consejos a unos tipos de padres y madres, los buenos padres y madres. Se dice, «esta guía es para los padres que hagan esto o aquello», ignorando al resto. En otras se tiende a aislar al padre (varón) del proceso de la crianza, delegándolo exclusivamente en la madre, como si fuera el ser pasivo que hace años era, una vuelta a lo peor de la paternidad.

Estos son los consejos que yo doy y que a mí me gustaría que me diesen para disfrutar del bebé. No voy a poner ninguna referencia, yo os cuento lo que les aconsejo a los padres y madres que me preguntan. No les doy artículos científicos salvo que me los pidan. Y en muchos casos, cuando se dan, se ignoran los que no están de acuerdo con lo que uno dice. En muchas guías se afirma «hay evidencias científicas» y luego no son tales, o son muy débiles, o son discutibles, y al copiarse de un lado a otro, queda solo la recomendación, como si fuera algo seguro, que no tiene margen de duda.

En este libro se habla de padre y madre, o de pareja, de forma indistinta, porque la maternidad y la paternidad no entiende de sexos: tan buenos o malos padres o madres son una pareja de chicos, como una pareja de chicas, como solo una persona cuidando al bebé, o tres. La familia actual hace mucho que ha cambiado. La maternidad y paternidad son algo más que un hecho biológico, son una actitud. Padre o madre es el que ejerce como tal, y le da cariño y cuida al bebé. Los otros son el padre o madre biológicos. Pero también es posible que no tengas una pareja con la que convivas. Para todos vosotros son estos consejos.

Médica, médico, matrona, matrón, niña, niño, etc. Leyeron este texto unas cuantas personas, e incluí médico, médica, la pediatra, el pediatra, etc., de forma alternante, y todos se quejaron de que no se entendía. Por tanto, elegid el género que queráis en cada caso, yo los uso indistintamente, pero no voy a jugar a ser políticamente correcto en cada frase. Si de verdad el sexo importa, lo especificaré. Cuando diga papá a lo mejor es mamá, y tampoco quiere decir que deban ser de distinto sexo.

En el mundo del cuidado de los bebés, nadie tiene nada claro. Lo que te dicen que era medicina, real, demostrada, diez años después es mentira, y veinte años más tarde, es verdad otra vez, como un péndulo. El cuidado de los bebés tiene muy pocas cosas de verdadera evidencia y sí muchas de estilo de vida

Muchas veces los pediatras os dicen a los padres, en cualquier consulta, que hagáis lo que «el sentido común diga» (otra frase repetitiva). Os cuento un secreto: eso significa que hagáis lo que os dé la gana.

Enhorabuena.

EN EL HOSPITAL

El parto no es una enfermedad

El parto no es una enfermedad. Esta frase se dice mucho, quizá para recordarlo, porque lo parece muchas veces. No basta con decirlo, sino que hay normalizarlo de verdad.

Habitualmente, tras un periodo de meses de incertidumbre sobre cuándo será la fecha del parto, llega el verdadero día del nacimiento del bebé. Casi siempre asumís que es el día que dice el ginecólogo o la matrona, pero ese solo es el día más probable, la fecha probable de parto, aunque no tiene porqué ser ese día exactamente.

Cuando se sobrepasa esa fecha, las cuarenta semanas de gestación, los padres decís que se ha salido de cuentas. A partir de la fecha de la última regla, o diez días antes si ha sido por reproducción asistida, se van contando periodos de siete días, que son la edad supuesta de vuestro bebé, aunque puede variar un poco respecto a la realidad. Por eso veréis que siempre os hablan de semanas de gestación, no de meses. Los médicos son así, hablan en semanas.

El parto tiene varias fases, y la madre va pasando por ellas de una forma normal. En ocasiones puede haber algún problema añadido y madre y bebé precisan controles más estrechos, incluso tratamientos, pero la mayoría de los embarazos no precisan de un seguimiento distinto al habitual si en las ecografías de control no hay alteraciones, el bebé está creciendo bien, está bien posicionado y no hay problemas en la madre.

Cuando la mamá tiene contracciones cada vez más frecuentes acudís al hospital. También soléis ir cuando la madre parece que se orinara, que suele ser la indicación de que se ha roto la bolsa amniótica, donde está el bebé. Puede que la mamá esté en la fase inicial del parto, la de dilatación, que dura hasta 10-12 horas, según diferentes factores. Ya sabéis que va a salir un bebé (o dos) por una zona por la que, en principio, no cabe, por eso tiene que dilatarse el cuello del útero hasta los diez centímetros. Lo que dura este periodo es muy variable, incluso puede que os manden a casa hasta que el parto vaya progresando más. Si es el primer bebé, suele durar más que si ya habéis tenido varios.

Después viene la fase de la expulsión del bebé, que es más corta. La madre notará los pujos, que son una intensa sensación de presión en la zona vaginal y rectal que hará que quiera empujar, porque la cabeza del bebé está pasando por el canal del parto. Muchas veces las madres creen que se están haciendo caca, pero es que es la misma sensación. Finalmente sale la placenta, es el alumbramiento (que realmente es lo que se llama «dar a luz»).

El período de dilatación también puede hacerse dentro de una piscina (parece que duele menos) si es que tú, mamá, lo deseas, o usar una pelota, etc. Las matronas están para ayudarte. Durante el expulsivo es posible encontrar posturas diferentes a la posición de tumbada sobre la espalda, buscad con la matrona la mejor postura para vosotros. Si has recibido epidural, puede que no percibas la sensación de pujo ni las contracciones, y tengan que decirte cuándo empujar.

Algunas madres y padres deciden tener a sus hijos en casa, como se hacía hace años, cuando no se podía elegir otra forma. Yo recomiendo hacerlo en el hospital, no en casa. Es una opción que algunos padres valoran, pero siempre que el embarazo esté bien controlado y no haya factores de riesgo añadidos. Nunca está de más pensar en cómo gestionar un posible problema inesperado en el contexto del parto en la casa, y si quien os va a atender sabe qué hacer y a quién recurrir en esas circunstancias. En algunos casos los riesgos no estaban bien valorados cuando el objetivo en sí era parir en casa. Buscad quien os aconseje bien.

Plan de parto

Muchas mamás y papás pasáis por el registro hospitalario un documento llamado plan de parto en el que expresáis una serie de cosas que queréis que se hagan con la madre, el padre y el bebé. A lo mejor vosotros lo habéis hecho ya.

A día de hoy es una opción muy válida, pero mi consejo, para que viváis los momentos previos con más tranquilidad, es que os informéis de verdad, no por rumores, de cuáles son las prácticas habituales de asistencia en el hospital donde vaya a nacer el bebé; y que redactéis un plan de parto propio, no una fotocopia de una fotocopia. Hay de todo, la verdad, pero leyendo planes de parto uno se sorprende de las prácticas que piden que no se hagan, y que hace décadas que dejaron de hacerse.

Muchos de estos planes de parto se refieren a todo lo que la Organización Mundial de la Salud (OMS) recomienda. La OMS solo da pautas generales que puedan servir para el mundo entero, ideales y a veces difíciles de realizar en el día a día. La OMS no va a estar atendiendo el parto, ni va a decidir qué hacer ante un problema, lo decidirán las personas que os atienden, por eso suelen dejar siempre la responsabilidad final en los profesionales. En esos planes de parto no tienen cabida prácticas no basadas en recomendaciones científicas ni que esté demostrado que no sean seguras para la mamá y el bebé. No todo lo que se puede pedir tiene que darse.

Por ejemplo, no es necesario hacer enemas, ni rasurar el vello púbico; ya no se aspiran secreciones del estómago del bebé ni se introduce una sonda por su ano de forma rutinaria para ver si está permeable, ni por las fosas nasales, ni se hace lavado gástrico, ni se baña al bebé en las primeras horas de vida, etc.

Es conveniente asegurar que el parto en el hospital se haga con tranquilidad e intimidad. Tenéis que pedir que las puertas estén cerradas, solo con el personal necesario, que las personas que intervengan se presenten, etc. Durante la dilatación os deben monitorizar el ritmo del corazón del bebé con una especie de trompetilla que le pondrán a la mamá en la barriga, o de forma electrónica con una especie de correas (monitorización cardiotocográfica). Es muy posible que a ti, mamá, tengan que hacerte tactos vaginales para ver cómo evoluciona la dilatación, pero se suelen hacer los mínimos, y separados por varias horas. Mientras dura la dilatación, estaréis periodos acompañados por la matrona y otros periodos solos, pero si solicitáis ayuda, deben atenderos.

A los papás y mamás os tienen que tratar con el máximo respeto, pero también tendréis que respetar a las personas que están trabajando en ese momento. A ti mamá, te dejarán elegir estar acompañada por la persona que quieras, siempre que no sea un problema para el transcurso del parto. Alguna vez el papá si se desmaya, o se pone tan nervioso que tiene que irse.

El uso de oxitocina durante la dilatación, para aumentar la frecuencia, el ritmo y la intensidad de las contracciones, tampoco se recomienda de rutina, pero los profesionales que os atenderán valorarán si hace falta o no.

La gran mayoría de los profesionales querrán trataros bien. Todos han elegido ese trabajo, no están allí de casualidad.

Epidural

En un momento dado te preguntarán, mamá, si quieres ponerte la epidural, para sentir menos dolor. No eres ni mejor ni peor madre por usarla o no usarla, pero tiene ventajas (la ausencia de dolor) e inconvenientes (peor colaboración en el parto, posible cefalea tras el parto, posible fiebre materna). Fijaos que antes los bebés nacían sin anestesia epidural, aunque ahora sea poco frecuente hacerlo.

El lugar

En muchos hospitales, el lugar donde se hace la dilatación es diferente de donde se realiza el expulsivo, pasándose al verdadero paritorio a la hora de finalizar el parto. Hoy en día, la tendencia es que la habitación sea la misma desde que empieza la dilatación hasta que se produce la expulsión del bebé.

El potro

Le llaman potro a la silla articulada donde la madre se tumba, y, con las piernas elevadas, pare. Existen otras formas de parir, en cuclillas, a cuatro patas, etc. Pregunta a tu matrona cuál es la mejor posición en cada momento. Solo vas a parir tú, ponte cómoda.

El corte

El corte que a veces se da en la zona de la vulva se llama episiotomía, y lo que se consigue con ella es agrandar el orificio vaginal para facilitar la salida del bebé y evitar desgarros. La matrona o los tocólogos son los que deciden si hacerla o no. Ya no se hace de rutina.

La gente

Lo deseable es que en la habitación haya la menor cantidad de gente posible. La madre, la pareja, las matronas, a veces el ginecólogo (pocas veces), los auxiliares de enfermería… En ocasiones también está el pediatra si hay algún riesgo conocido (fiebre materna, prematuridad, líquido amniótico teñido, etc.). En los hospitales universitarios, donde se forman los diferentes profesionales, es habitual que estén más personas, incluso estudiantes. En todo caso, hay que pedir que se respete vuestra intimidad lo máximo posible.

He asistido a muchos partos en los que se sacaba al acompañante fuera, por motivos arbitrarios, como necesitar instrumentar el parto (por ejemplo, usar fórceps). No deberían sacarte por esto, tienes todo el derecho a estar presente en el nacimiento de vuestro hijo, si te comportas con educación. Ojalá cada día se permita más un acompañante en las cesáreas.

Que no os lo quiten: piel con piel

Justo tras salir el bebé deberían colocártelo, a ti, mamá, sobre tu pecho y abdomen desnudos, secarlo y taparlo con una sábana precalentada. Salvo necesidad de reanimación, todos los cuidados del bebé se pueden demorar. Esto es el contacto piel con piel. No importa el peso, la longitud ni echarle gotas en los ojos, ni ponerle la vitamina K. Esos momentos iniciales son para que te huela, te note, y en muchos casos, inicie la lactancia materna, si os dejan. Son momentos únicos e irrepetibles, intentad disfrutarlos sin miedo, expresando los sentimientos que surjan. Si queréis llorar, llorad. Si queréis reír, hacedlo.

Además, es muy conveniente que el cordón no se corte de forma rápida, sino dejarlo al menos un minuto o dos, o hasta que deje de latir. En algunos centros, se permite que el acompañante corte el cordón.

Hay que intentar no separar al bebé de la madre durante, por lo menos, la primera hora; tú, papá, podrás acompañar a la madre y al bebé en ese tiempo. No se recomienda que el papá lo coja en esos momentos, y menos que lo saque para mostrarlo a la familia (yo creo que si el padre quiere cogerlo, debería poder hacerlo, aunque fuera un momento). De esta forma, se consigue un paso mejor de la respiración que hace el bebé en el útero (con la placenta) a la que hace fuera (con los pulmones), mantiene mejor la temperatura y realiza estos cambios sin problemas. Este periodo inicial es muy importante, notaréis que el bebé está muy activo, con los ojos abiertos y olfateando lo que tiene alrededor. Si se le deja, a veces, se agarra él solo al pecho, sin ninguna ayuda, lo que favorece la lactancia materna. Después pasará a un periodo de menor actividad que le puede durar horas.

Esto no significa que tengan que ayudaros a colocar al bebé al pecho. Hay que dejar que el bebé busque el pecho y se agarre, pero no es obligatorio que lo consiga. No hay que colocarlo, ni forzar a que se enganche. Con la idea de favorecer la lactancia materna, en algunas ocasiones se fuerza a este enganche precoz. La mayoría de los bebés lo hacen solos si se les deja en paz. Pronto descubriréis que la maternidad y paternidad también va de eso, de luchar para que os dejen tranquilos.

Si tú, mamá, no le vas a dar el pecho al bebé, no dejes de hacer este contacto, porque tiene otras ventajas. Los beneficios son múltiples; no tienes que privarte a ti y al bebé de ellos solo porque le des otra alimentación. Puedes dejar que se enganche en esa primera toma, o no dejar que lo haga. Depende de ti.

Os llevarán a la planta de maternidad juntos, a la madre y el bebé, en la misma cama. En algunos hospitales se llevan a los bebés a nidos, unas salas donde «aparcan» a los bebés, durante varias horas hasta que se los devuelven a los padres. Se ve en las películas, los padres mirando por la cristalera como si fuera una rueda de reconocimiento. No permitáis que hagan eso por rutina. Ya está superado desde hace muchos años, y es malo para el bebé y para vosotros, aunque en algunas clínicas aún lo vendan como algo exclusivo.

Hay que esperar a realizar el baño cuando la temperatura del recién nacido se haya estabilizado, realizando al nacer solamente una limpieza del vérnix, una sustancia blanquecina que tienen en la piel.

Si el bebé tiene algún problema, es probable que este periodo de piel con piel se acorte, o que no se pueda realizar. En todo caso, siempre debe estar justificado y serán la menor cantidad de casos. Los pediatras cada vez están más acostumbrados a valorar a un recién nacido sobre su madre; si hay algún problema, a veces hay que llevárselo a otra sala mejor acondicionada para realizar las medidas de estabilización necesarias.

Si la madre no puede hacer el contacto piel con piel, puede hacerlo el padre o la pareja. En algunas ocasiones he visto madres que no querían hacer el piel con piel, y también hay que respetarlo.

Oiréis que es necesario hacer esto para que tengas antes leche y para que la lactancia materna aumente. Las dos cosas, de forma aislada, no son totalmente verdad: la leche no depende inicialmente de lo que el bebé chupe (aunque empezará a agarrarse y a sacar calostro) y la tasa de lactancia a las seis semanas es la misma entre las que hacen el piel con piel y las que no. Habrá que hacer algo más. Lo dice la guía española de lactancia materna del Ministerio de Sanidad, no yo.

Tipos de partos

Existe un parto normal (eutócico) en el que el bebé viene de cabeza y sale sin ayuda instrumental. Es el más frecuente, y al que hay que aspirar, pero no siempre es posible. En otras ocasiones, se usan fórceps, espátulas o ventosa, y se llama instrumentado. Cuando viene de nalgas se puede intentar girar desde fuera, o bien se intenta el parto vaginal, pero en muchos casos acaba en cesárea.

En el parto por cesárea, hay que intervenir a la madre para llegar hasta el útero y sacar al bebé de allí, porque por algún motivo materno o fetal el bebé no pueda nacer por vía vaginal o la urgencia en su extracción así lo aconseja. A veces se sabe que será cesárea de forma segura (electiva), pero otras veces es durante el proceso de parto cuando se decide finalizar por cesárea.

Los padres no sabéis habitualmente cómo describir el nacimiento de vuestro hijo o hija: algunos lloráis, otros reís, la mayoría os emocionáis de una u otra forma. Se ha demostrado que la relación entre la mujer y la persona que le atiende influye en gran medida en la experiencia del parto. También se ha demostrado que la atención al parto normal por matronas es la que mayores ventajas aporta, menos intervenciones y mayor satisfacción para los padres y madres.

Historias terroríficas

Decía que el parto no es una enfermedad, pero que lo parecía. Las personas tienen una querencia por contar historias terroríficas a las embarazadas, con todo lo malo que les pasó a ellas o a amigas, o lo que se cuenta en un grupo de WhatsApp, o lo que salió en un programa de la televisión o en una notica de Facebook. Si habéis estado en un parque o en una comida de amigos, sabréis de lo que estoy hablando. Aunque es bueno estar informado, intentad disfrutar del momento y no anticipar problemas que le pasaron a otras personas, y que son historias en las que cada uno que la cuenta va añadiendo dramatismo. En ocasiones se viralizan noticias que tienen una base falsa, sesgada o que solamente es el reflejo de la no aceptación de los problemas que existen. La mayoría de los bebés nacen bien y sin problemas.

Disfrutad de la parte final del embarazo y no os agobiéis por problemas que les pasaron a otros. Anticipar el dolor y las preocupaciones casi nunca sirve para nada.

Cosas para tener preparadas en el hospital

Muchas de las cosas que se dicen que hay que tener preparadas para antes del parto solo se hacen para vender productos a los padres, que creéis que son imprescindibles en el primer embarazo y ya os reís de ellas en el segundo. Aunque en cada hospital se funciona de una manera, son pocas cosas las que suelen hacer falta en la mayoría de las ocasiones. Según el tipo de parto, el ingreso durará más o menos. En general, lo que la madre suele necesitar en el hospital es:

• Una bata.
• Unas zapatillas.
• Compresas postparto (las suelen dar), bragas desechables, algún sujetador de lactancia, camisones abiertos (también los suelen dar).
• Una bolsa de aseo.
• Que la dejen tranquila.
• A veces un bocadillo de jamón tras el parto si se lo han prohibido en el embarazo (mejor comprarlo allí).

Para el bebé, es mejor disponer de:
• Ropa con velcro, evitando los botones, cremalleras y lazos, que solo pueden dañarle. Mejor que se abroche por delante.
• El gorro queda bonito, pero pasadas las horas iniciales, suelen regular bien la temperatura si el ambiente es propicio, lo veremos después (incluso puede que no haga falta).
• Suelen dar pijamas, pero no está de más llevarse alguno de algodón, y unas manoplas o calcetines para que no se arañe la cara, aunque esto también puede obviarse.
• También es conveniente un arrullo para cuando os lo llevéis y una sillita o *maxicosi* para cuando volváis a casa en coche. Eso lo podéis traer el día del alta.

En muchos sitios se dice que hay que llevar pañales de talla para recién nacido, toallitas infantiles y crema para el culito. Los pañales para recién nacido, o de talla 0, solo suelen valer para bebés de bajo peso y pronto quedan pequeños. Lo mejor para limpiar las deposiciones son el agua y el jabón, con una esponja, pero no diré que no son prácticas las toallitas. Respecto a las cremas del culito, si le aplicáis esas cosas cuando está bien, le tendréis que echar toda su vida, porque cuando esté mal también le echaréis, ¿no? Con cambios de pañales frecuentes, de entrada, es suficiente.

¿Cómo es un recién nacido normal?

Esa es la pregunta más frecuente que los padres tenéis rondando en la cabeza. El rango de normalidad es tan amplio que casi siempre la respuesta es que sí, que es normal. Muchos papás y mamás vivís con angustia cualquier cosa que el bebé hace o tiene, y es que «está vivo y hace cosas». Los recién nacidos normales tienen características muy llamativas, y una cosa os diré: no se parecen a los recién nacidos de la televisión, sin secreciones en su piel, calmados, guapos, rubios y peinados, con cabezas simétricas, la mayoría ya con dos meses de vida si no más, y sonriendo a cámara. Los bebés de verdad nacen con secreciones, con la cabeza deformada, con la piel mojada, enrojecida y con la cara hinchada.

Observáis de forma exhaustiva a vuestros bebés, al menos por partes, y veis cosas que si os fijaseis igual en vosotros mismos o en vuestras parejas, os sorprenderíais de la misma manera. Y mucho.

Los pediatras os preguntarán varios datos, como si tu pareja y tú sois familia (a veces contestáis que sí, que estáis casados), si hay alguna enfermedad rara en un familiar cercano, si el embarazo ha sido espontáneo, que quiere decir que si ha sido por el procedimiento más frecuente, no que haya sido fruto de un milagro (a mí también me parece raro lo de espontáneo). No es curiosidad insana, sino la historia clínica, que es la base para conocer los riesgos de enfermar de un bebé.

La exploración completa la suele hacer el pediatra, y lo recomendado es que lo haga con vosotros presentes para que podáis preguntarle todas aquellas cosas que se os inquieten. Por favor, cuando pase el pediatra o la pediatra, atended a lo que os diga. Vuestro bebé y vuestra tranquilidad os lo agradecerán.

Transmitir que la exploración del bebé es normal suele relajaros. Si existe alguna anomalía, es necesario que el pediatra os explique qué importancia puede llegar a tener y qué pruebas o seguimiento deberá llevar. Muchas veces no es que no quieran decir qué le pasa al bebé, es que aún no lo saben. En ocasiones, descubrir las cosas lleva su tiempo.

¿Qué es un recién nacido?

Un recién nacido es un bebé desde que nace hasta que pasan 28 días. Por tanto, se consideran recién nacidos a todos los bebés hasta casi el mes de vida, ya que tienen características muy distintas al resto de niños.

Hay muchos tipos de recién nacidos, clasificaciones que se usan para indicar si necesitan más o menos ayudas, o tienen más o menos riesgos. La inmensa mayoría de los recién nacidos son niñas y niños sanos. La inmensa mayoría.

En general, se habla de recién nacidos *a término* cuando nacen entre la 37 y 41 semanas de gestación completas. 35 semanas y 3 días, es la semana 35, para entendernos. Si nacen a partir de las 42 semanas, se llaman *postérminos,* y tienen características y problemas especiales; si nacen antes de las 37 semanas, se llaman prematuros o *pretérminos.* Por eso los pediatras se hacen un lío cuando les habláis en meses.

Otra forma de clasificarlos es según el peso. El peso habitual está entre 2.500 y 4.000 gramos, y, de forma arbitraria, se llama macrosoma al que pesa más de 4 kilogramos, y bajo peso al que pesa menos de 2,5 kilogramos, aunque son cifras matizables.

Otra forma de clasificarlos es sabiendo si su peso se corresponde al que debería tener a esa edad gestacional o no. Por ejemplo, si el bebé es de 39 semanas y pesa 2.100 gramos, será un bebé de bajo peso para su edad gestacional, pero si es de 34 semanas no lo será, su peso será adecuado. Igual pasa si es grande para su edad gestacional. Todas estas diferencias también dependen de si la criatura es niño o niña, porque, por ejemplo, las medidas físicas como el peso, son diferentes (los varones pesan más), o los riesgos de que los pulmones de un prematuro funcionen peor aumentan si el bebé es varón. Todo esto hace que los bebés precisen más o menos cuidados cuando nazcan.

¿Está sano?

La mayoría están sanos y parecen sanos, salvo por los problemas que pueda detectar el pediatra en base a la historia de los padres, el embarazo y el parto y cuando explora al bebé. Algunas veces se piden determinadas pruebas o se hace un seguimiento al bebé, sin que signifique que el problema exista.

Muchas enfermedades las traen los bebés al nacimiento y no dan síntomas hasta meses o años después. Por eso es tan importante que le hagáis las pruebas que comentaremos posteriormente (prueba del talón, prueba del corazón, etc.), y que todos los bebés, a medida que van creciendo, sean vistos por su pediatra. Pese a todo, la valoración del pediatra que dice no me gusta el aspecto del bebé, supera a todas las pruebas del mercado, y para eso, hay que ver al bebé, saber y haber visto muchos.

Mis ecografías son normales

Las ecografías que te han hecho, mamá, son muy importantes, y sirven para detectar problemas en el bebé, pero no son infalibles. No están pensadas para saber solo el sexo del bebé o para hacerle fotos. Esas son las ecografías emocionales, que buscan que hagáis carantoñas a un bebé que siempre parece el mismo, y que paguéis otra ecografía más. Hay muchos, muchísimos problemas, que no se detectan por ecografía o en los que las ecografías pueden ser normales. Los padres se sorprenden a veces cuando se aprecia algo al nacimiento y el bebé tenía ecografías normales. Y al revés, a veces pueden indicar algo que al nacimiento no se confirma. Solo es una prueba y, como tal, hay que valorarla en su justa medida.

¿Cuándo orina un bebé?

La gran mayoría de los bebés orinan en las primeras veinticuatro horas de vida, y el resto, en las restantes veinticuatro horas. Vuestro bebé hará lo mismo. Es frecuente que haya orinado ya al nacer en el paritorio y que no se haya apuntado. Los casos en los que un bebé no orina y no muestra síntomas de estar enfermo son muy raros.

Puede que os asustéis si le veis una mancha en el pañal que parece sangre. No, no es sangre. Es una mancha marrón anaranjada, como del color de una teja, no muy extensa, que puede repetirse varias veces. Aunque tengáis otros hijos, o familiares que han cuidado a varios, no la habréis visto, posiblemente porque si coincide con una deposición meconial pasa desapercibida. Esta mancha anaranjada, que no es sangre, son los uratos; es un proceso normal del riñón del bebé. Algunos lo llaman infarto úrico, pero así cómo vais a creer que no tiene importancia con ese nombre. Un infarto sin importancia, nadie se lo cree.

En ocasiones, las niñas manchan el pañal con una pequeña regla tras cesar el estímulo de las hormonas maternas. Sí que es sangre, pero la emiten por la vagina, y dura poco. Si perdura, consultad con vuestro pediatra.

¿Cuándo hacen deposiciones los bebés?

Generalmente también en las primeras veinticuatro horas, y el resto, en las siguientes veinticuatro horas. Todo retraso en la emisión del meconio (la sustancia negra que expulsan) debe ser estudiado por el pediatra. Inicialmente las heces pasan del color negro del meconio a un color marrón y luego amarillo mostaza en los primeros cinco días de vida. Con leche materna, pasados los 2-3 primeros días, pueden llegar a hacer hasta una deposición en cada enganche al pecho, aunque también es frecuente entre 2-4 veces al día. Suelen ser muy líquidas y poco olorosas. Con leche artificial, son menos frecuentes y menos líquidas, pero de peor olor. Muchos padres y madres se agobian por si su recién nacido tiene estreñimiento. Lo importante, siempre que ya haya hecho deposiciones, es si el bebé que lleva varios días sin deposiciones está bien o está incómodo o irritable.

Muchos padres os preocupáis, u os hacen preocuparos, por el color de las heces; la realidad es que estas varían muchísimo. No son diarrea las heces líquidas de la leche materna. Si el bebé gana peso y está contento, no le prestéis mucha atención a cómo son las heces, en general. Preocupaos si el bebé tiene mal aspecto, no gana peso pasados los primeros cinco días de vida o tienen sangre en ellas. Entonces, sí deberíais consultar con el pediatra. Lo veremos más adelante.

Temperatura

La temperatura axilar de un bebé está entre 36,5 y 37,4 °C. Si está encima de su madre es muy poco frecuente que un bebé se enfríe. Veremos que el uso del gorrito es de muy dudosa necesidad, salvo por estética.

Color

El color del recién nacido es rosado rojizo, salvo el color azulado de las uñas de los dedos de manos y pies, la llamada cianosis acra. En ocasiones los bebés están algo pálidos o muy rojos (pletóricos). También depende mucho de la etnia de los padres, e incluso del estado de agitación del bebé. Si la coloración azulada es alrededor de los labios, o es generalizada, es necesario una valoración por el pediatra.

En algunos partos, se comprime un poco la circulación de la cabeza, y el bebé tiene azulada solo la cabeza: es la mascarilla facial, que no suele tener importancia y al final se quita.

Respiración

El bebé tiene que dejar de usar la placenta para respirar y empezar a usar los pulmones, y esto en ocasiones no se produce de forma rápida, sino que necesitan un periodo de transición. El bebé sano respira de forma relajada, sin esfuerzo, sin quejido y sin sobrepasar normalmente las sesenta respiraciones por minuto; a veces, hace pequeñas pausas en la respiración. Esas pausas se llaman respiración periódica, y si duran poco, entre cinco y diez segundos, son normales.

Corazón

El corazón de los bebés va muy rápido, entre 95 y 160 latidos por minuto; si le ponéis la mano bajo el pezón izquierdo podréis notar hasta la punta del corazón en ocasiones. Cuando el bebé está muy dormido, es normal notar que la frecuencia cardiaca está más baja, pero vuelve a subir cuando se despierta.

Como antes de nacer la sangre va por lugares que justo al nacer cambian (se debe pasar sangre a los pulmones cuando antes casi ni se les mandaba), es frecuente que el pediatra escuche soplos en el corazón el primer día de vida, que suelen ser transitorios. Si persisten o hay otros síntomas asociados, el pediatra os indicará las pruebas a realizar. Antes del alta, como se verá más adelante, se realiza una prueba para intentar detectar enfermedades del corazón graves que pudieran haber pasado inadvertidas.

Algunos soplos no se escuchan hasta que el bebé tiene 2-3 semanas, así es que no os sorprendáis si vuestro pediatra después, en el centro de salud, le escucha un soplo muy evidente que en el hospital no le notaron.

Las clavículas

El pediatra le tocará las clavículas al bebé, porque es el hueso que más se rompe en la especie humana, y cuando más lo hace es en el parto. Si hay una fractura, se nota como un escalón o un clic.

El pecho

Es frecuente observar en la parte baja y central del pecho una especie de prominencia que entra y sale, puntiaguda, dando la impresión de que va a romper la piel. No os agobiéis por eso, es la punta del esternón, el hueso al que se unen las costillas por delante, y se llamada xifoides. En los niños pequeños aún no está formada por hueso sino por cartílago, y por eso sobresale un poco. El pecho a veces está un poco deprimido en su zona central, y se llama *pectus excavatum,* o al revés, sobresale como si fuera la proa de un barco, *pectus carinatum*. No suele ser problemático de entrada, salvo en casos extremos.

Las mamas

Los bebés tienen dos mamas, aunque a veces es fácil encontrar restos de mamas o pezones supernumerarios, desde la línea que va de la clavícula a la ingle pasando por la mama verdadera. Estos pezones supernumerarios se llaman politelia.

• **Tumefacción mamaria:** Las mamas de los niños y las niñas pueden crecer los primeros días de vida, porque tienen tejido mamario que, si se estimula por las hormonas maternas, crece de verdad. No suele tener importancia y es algo transitorio. Raramente, estas mamas secretan leche, la famosa leche de brujas, que no hay que extraer. De la misma forma, las mamas engrandecidas no hay que tocarlas, ya que podemos provocarle una mastitis.

El abdomen

El abdomen de los bebés es prominente, y se les puede ver hasta las asas del intestino bajo la piel, sobre todo en prematuros o bebés muy delgados. A veces se les nota en el abdomen como una pequeña prominencia vertical que le recorre desde el xifoides hasta el ombligo, porque los músculos rectos del abdomen están algo separados.

El hígado, que está en la parte derecha, se suele poder tocar, ya que sobresale bajo las costillas hasta dos centímetros, siendo normal.

El cordón umbilical

El cordón umbilical es el lugar por el que el bebé ha recibido todos los alimentos, la mayoría de las defensas y por el que ha respirado durante la etapa anterior. Está lleno de una sustancia gelatinosa que protege a los vasos sanguíneos que hay en su interior. Esta sustancia hace que sea difícil que los vasos se compriman.

El cordón hay que mirarlo. Hay que limpiarlo. No hay que asustarse. No le duele al bebé, no tiene terminaciones nerviosas.

En algunos bebés, hay una parte del cordón que es piel normal del abdomen, la parte llamada ombligo cutáneo. No os preocupéis de esto, con el tiempo se retrae y queda un ombligo normal. El pediatra comprobará al nacer si tiene dos arterias y una vena, que es lo más frecuente. Otros números o estructuras pueden recomendar hacer pruebas especiales (por ejemplo, una arteria umbilical única se asocia en ocasiones a problemas de corazón, aunque en la mayoría de los casos, no).

El cordón, al igual que la fontanela, os da miedo, y no debería. Hay que tratarlo como parte del bebé, y atenderlo como tal. Hay múltiples teorías sobre su cuidado. Por ejemplo, se dice que no se puede lavar al bebé hasta que no se cae el cordón. No hagáis caso, no es así. El cordón se puede mojar desde el primer día. Solamente hay que secarlo después. Incluso diréis: «pues hace un año a mi primo le dieron otra cosa». El agua y el jabón de toda la vida, es el mejor método recomendado actualmente para cuidarlo.

¿Qué hay que mirar en el cordón?

Si huele mal, si se ha enrojecido, si tiene secreciones, si pasadas 3-4 semanas no se ha caído, si le duele al tocarle su base... En esos casos, hay que buscar ayuda.

¿Cuándo se cae el cordón?

Es muy variable, entre 48 horas y un mes, en general entre los cinco y los catorce días. Primero empieza a endurecerse y luego a secarse, hasta que él solo se desprende. Pasa del color amarillento inicial, a marrón y luego a negro. Este proceso se llama momificación del cordón, y en parte lo produce el sistema inmune del bebé, sus propias defensas. Por eso, si llega el mes y no ha caído, el pediatra puede indicar algún estudio. No dejéis que nadie se lo corte.

Cuando se cae, el cordón puede aún manchar durante uno o dos días, levemente. Si continúa manchando, o la emisión es abundante, como si fuera orina o heces, consultad con el pediatra.

Los genitales

Los genitales son solo una parte de la condición sexual de cada bebé, y son solo los genitales externos. En general, los genitales que parecen masculinos corresponden a un hombre y los que parecen femeninos, a una mujer, pero no siempre sucede así.

El pene de los bebés casi siempre tiene fimosis, que se considera normal. El tamaño sí importa, y en los niños a término, el pene no debe ser inferior a 2,5 cm. Si la salida de la uretra no está en el glande, sino en algún camino intermedio, desde el escroto hasta la punta del pene, se le llama hipospadias y vuestro pediatra os dirá qué hacer si sucede. El escroto es la bolsa que recubre los testículos en los varones, y suele ser grande al nacimiento, por exceso de líquido y por factores hormonales maternos. Cuando hay mucho líquido se llama hidrocele. El pediatra le pondrá una luz al escroto y si se ve todo rojo, confirmará que no es otra cosa, que solo hay líquido. Ese líquido suele venir del abdomen y casi siempre se resuelve solo en el primer año de vida, pero habrá que vigilarlo. Dentro del escroto están los testículos, que suelen ser pequeños y móviles. En ocasiones no se palpa uno de los dos testículos, y a eso se llama criptorquidia. La mayoría de las veces el testículo bajará en el primer año de vida. Si le tocáis la zona interna de un muslo veréis como el testículo de ese lado sube y luego baja. Es solo un reflejo, no llegan a subir muy arriba.

Algunos varones tienen la piel del escroto, o incluso del pene, de un color bastante más oscuro que el resto de su piel. Esto irá desapareciendo en varias semanas. También puede verse una línea oscura desde el pubis al ombligo o más arriba, es la línea alba (se llama alba porque es blanca y no se ve, pero algunos la tienen pigmentada al nacimiento, como también muchas embarazadas).

En las niñas, los labios mayores se ven grandes y enrojecidos por acción hormonal y también se aprecia una secreción vaginal transparente o blanquecina. También puede encontrarse una secreción rojiza, una pseudomenstruación, al ir perdiendo las hormonas maternas.

Si uno mira el himen verá que casi siempre está perforado; esto es bueno, porque si no, se van acumulando secreciones y puede llegar a ser un problema con el tiempo. También se ven unos apéndices himeneales prominentes, que sobresalen de la vagina y no tienen mayor trascendencia.

El tamaño del clítoris también importa. Normalmente mide entre 3 y 5 mm. Tamaños muy grandes de clítoris pueden ser la clave para el diagnóstico de algunas enfermedades hormonales.

En ocasiones, no es posible determinar el sexo del bebé. Los genitales externos de los niños y niñas son parecidos. Imaginad los genitales de una niña que se fueran cerrando de atrás hacia adelante como una cremallera: los labios mayores de la niña equivalen al escroto; los labios menores, al cuerpo del pene; el clítoris, al glande. En algunas enfermedades de recién nacido, una mujer recibe demasiadas hormonas masculinas y sus genitales externos se van cerrando de atrás adelante pareciendo genitales masculinos. Esta masculinización siempre irá con ausencia de testículos, es decir, con criptorquidia bilateral. Entre ellas, la más frecuente es la llamada hiperplasia suprarrenal congénita. Si los pediatras la sospechan, os lo explicarán.

Por eso, y por otras cosas, hay que mirar los genitales de los bebés.

Ano

El ano debe estar bien posicionado y separado de la entrada a la vagina o del escroto. Al limpiar a las niñas, hay que acostumbrarse a hacerlo de delante hacia atrás, porque a la larga puede favorecer infecciones urinarias si se hace al revés.

No os conforméis con que haga caca, mirad cómo tiene el ano, porque en casos raros, el meconio puede salir realmente por la vulva.

La piel

La piel es de gran ayuda para los pediatras, porque puede expresar muchas enfermedades, aunque la mayoría de las cosas que puede mostrar un recién nacido son absolutamente normales y transitorias.

Cuando el bebé es postérmino o nace en la semana 41, la piel suele descamarse al nacimiento, está agrietada y seca. Ponerles crema hidratante no suele mejorar en nada la piel en los primeros días, pero muchos lo recomiendan. En los bebés a término de 37 semanas o en los prematuros, la piel es más fina, es más rojiza y se dejan ver los vasos sanguíneos.

En las primeras 24-48 horas es frecuente que los bebés tengan la piel muy roja, sin que tenga importancia; poco a poco desaparecerá esa coloración tan intensa.

En la cara puede tener pequeñas manchitas blanquecinas, muchas veces aisladas, llamadas millium, que son quistes de queratina que desaparecen espontáneamente y no tienen importancia. La hiperplasia sebácea es una especie de granitos blanco amarillentos que suelen estar en la nariz, y también se van solos en unas semanas. Mucha gente dice que estas cosas son por la leche materna, pero la verdad es que no.

Hay una erupción muy frecuente, llamada eritema toxoalérgico, que hasta la mitad de los bebés la presentan. Preocupa mucho, pero no tiene importancia, Son unas manchas sobreelevadas rojizas, con un punto blanco en el centro, que no están al nacimiento, pero salen al poco de nacer. No se sabe su causa, la verdad, y pueden a veces confluir, al punto que dan al bebé un aspecto de pasarle algo, pero también se quitan en la primera semana de vida.

Los bebés suelen tener unas manchas rojizas no prominentes en la frente, los párpados y la punta de la nariz. Son malformaciones vasculares capilares, que antes se llamaban manchas maternas. La que tiene en la frente se llama beso del ángel y la que está en la base del cuello, picotazo de la cigüeña o mancha salmón, también sin importancia. No son angiomas, que son tumores benignos, aunque muchos los llamen así.

En uno de cada tres niños se aprecia una mancha azulada en los glúteos, la zona lumbar, o en otras zonas de la espalda, o incluso también en los brazos. Son melanocitos, las células que dan el color a la piel, muy localizados. Se llama melanocitosis dérmica, mancha mongólica o mancha de Baltz. Lo de mongólica es porque se describió como más típica en esa zona del mundo, hace ya muchos años. No es que al nacer le hayan dado palmadas en el culito.

Algunos bebés tienen unas manchas de color marrón claro, planas y de bordes lisos, llamadas manchas café con leche (se les llama así, en serio). Si son pocas y pequeñas, no significan nada.

Es posible que encontréis zonas deprimidas de la piel, sin que exista un agujero ni nada parecido. Estos hoyuelos cutáneos, más frecuentes en las rodillas y caderas, no tienen importancia, son solo depresiones de la piel.

A veces en los antebrazos o en las manos, los bebés tienen unas ampollas grandes, muy llamativas, o restos de haber tenido una ampolla, ya rota. Son ampollas de succión: el bebé se ha estado chupando las manos y antebrazos antes del nacimiento y por eso salen. Si uno se fija, están en las zonas en las que el bebé llega con la boca.

Casi uno de cada tres bebés pueden tener ganglios linfáticos que se pueden tocar, y no deben ser signo de alarma por sí mismos si son pocos, se pueden mover y no son mayores de 1 cm. Casi siempre están en la ingle, las axilas o en la zona del cuello.

Los bebés, si se enfrían, empiezan a presentar un aspecto parcheado en la piel, con zonas pálidas y otras más oscuras, como si fuera el jaspeado de un mármol. Se debe a la inmadurez de los pequeños vasos de la piel y se suele ver cuando se desnuda al niño, o se expone a ambientes muy fríos. También se pueden ver con la fiebre. A este fenómeno se le llama cutis marmorata.

En ocasiones se aprecia en los pliegues o entre los labios mayores y menores de las niñas, una sustancia blanquecina, pastosa, llamada vérnix caseoso que protege la piel del recién nacido, y que no hay que quitar, ya que desaparecerá sola. En realidad, no se sabe lo que hace, pero digamos que protege.

Muchos padres preguntan por ese pelo fino que cubre la cara, las orejas y los hombros de sus bebés, llamado lanugo. Casi siempre se cae en las primeras semanas.

Si ha nacido por fórceps puede que notéis la señal de las palas en su cara, pero prácticamente siempre desaparecen en unos pocos días.

Pies y manos

Algunos bebés nacen con un dedo de más, casi siempre un dedo muy rudimentario al lado del meñique (polidactilia), que no suele tener problemas asociados, y que el cirujano extirpará. En algunos sitios se le ata un hilo, si el dedo de más tiene una base muy fina, y al final se cae. Otras veces, hay una pequeña unión entre algunos dedos, llamándose sindactilia, que puede ser entre los huesos o solo afectar a la piel. En las manos suele operarse, y en los pies, no.

La mayoría de los bebés parecen tener el pie plano porque tienen una capa de grasa en la planta del pie. A veces el pediatra necesita consultar con el traumatólogo o el ortopeda los pies de un bebé por si necesitan ayudas especiales.

Caderas

El pediatra examinará las caderas de vuestro bebé con unos movimientos para ver si la cabeza del fémur, el hueso del muslo, se sale de donde debería estar metida, en la cadera. O incluso, si la cabeza ya está salida, y si puede volver a entrar. En esos casos se le pedirá una ecografía para valorar las estructuras y una consulta con traumatología infantil para iniciar los posibles tratamientos. Pequeños chasquidos en estas maniobras no suelen ser patológicos. En ocasiones, si es una niña, hay antecedentes de problemas de cadera en niños o niñas de la familia o ha estado posicionada de nalgas durante el embarazo, puede que también se le haga la ecografía pasadas unas semanas.

Piernas

En el recién nacido, las piernas están arqueadas, formando una especie de paréntesis entre las dos. Esto es normal y va desapareciendo con el tiempo, cerca de los dos años de vida. Si el bebé venía de nalgas puede que inicialmente tenga las piernas elevadas sobre el abdomen, pero también se pasa.

La espalda

El pediatra también examinará la espalda del bebé en busca de alteraciones. Si en esta zona hay una masa subcutánea, un mechón de pelo o una malformación vascular rojiza, puede ser necesario realizar algún estudio. Si lo que se ve es una fosita, como un agujerito, en la que no se aprecia el final, es posible que alguien os agobie, pero son muy pocas las fositas que de verdad pueden tener una comunicación con zonas más internas. En general, las que están cerca del ano, no son muy profundas y no se acompañan de lo dicho antes, tienen muy bajo riesgo.

La cabeza, las fontanelas

Los bebés tienen la cabeza grande en proporción al resto del cuerpo. Puede llegar a ser hasta un 25% de su longitud. Su perímetro es de 34 centímetros. Los bebés tienen la zona posterior de la cabeza muy prominente, de forma que, al estar boca arriba, la cabeza suele bascular hacia adelante, y también hacia los lados. Cuando cojáis a vuestra criatura ,debéis colocar una mano entre la cabeza y la espalda para mover al bebé y que se desplace en bloque.

En la piel de la cabeza a veces se ven las marcas que le dejó una rotura de membranas artificial, o la excoriación que dejó la muestra de sangre si se realizó un pH de calota (prueba para determinar el bienestar fetal).

Las cabezas de los recién nacidos suelen tener pequeños abultamientos fruto del edema que se forma en la piel por la compresión en el parto, especialmente en la zona de atrás. Muchos papás os alarmáis mucho porque vuestro bebé tiene la cabeza apepinada y preguntáis ya antes de cortar el cordón si eso se va a quedar así para siempre. La tumefacción más común se llama tumor del parto o *caput succedaneum*. En 1-2 días desaparece. En otras ocasiones, una pequeña hemorragia entre el hueso y la capa que lo recubre por fuera da lugar a un chichón que va creciendo poco a poco, al revés que el anterior, y que nunca sobrepasa los límites del hueso concreto sobre el que está. Esto se llama cefalohematoma y también es bastante frecuente, muchas veces asociados al parto con ventosa. Tarda más en desaparecer, a veces meses, y puede contribuir un poco a que el bebé esté amarillo. Si el alta es muy precoz puede que ni se aprecie al iros y que días después acudáis a urgencias asustados. Cuando la hemorragia aparece en la capa que recubre la parte inferior de los músculos de la cabeza, el hematoma puede ser muy grande, crecer mucho y que no respete el límite de ningún hueso, porque no está asociado a ellos. Esta condición se llama hematoma subgaleal y requiere observación por el pediatra.

Los huesos del cráneo de los bebés no están soldados entre sí. Las líneas de sutura se deben palpar, y notar cómo se mueven, lo que descarta que nazcan fusionadas de nacimiento. Debido a esto, al nacer se montan unos huesos sobre otros, reduciendo así el tamaño de la cabeza y facilitando la salida por el canal del parto; días después este acabalgamiento va desapareciendo. Si le pasáis la mano por la cabeza al bebé notaréis esos escalones. Sé que os da repelús, pero hacedlo. Si pasadas las semanas se sigue notando un escalón entre varios de los huesos, vuestro pediatra indicará las pruebas pertinentes, si es que son necesarias.

El hecho de estar los huesos separados hace que se formen áreas de apertura mayor, las llamadas fontanelas. La fontanela mayor está delante, entre el hueso de la frente (frontal) y los de la parte superior de la cabeza (parietales), pero existen más fontanelas: la posterior, la temporal, etc. Cuando la cabeza es de tamaño normal y las líneas de sutura se pueden mover, el tamaño de las fontanelas no tiene importancia. La piel que recubre las fontanelas del bebé sube y baja cuando el bebé llora o se esfuerza y cuando está tranquilo e incorporado lo hace con los latidos del corazón. No os preocupéis si notáis cómo cambia a lo largo del mismo día. Es completamente normal. Podéis tocar las fontanelas con suavidad, no se rompen, no le estáis tocando el cerebro. Las fontanelas se suelen cerrar más allá del año de vida, y permiten que los huesos de la cabeza crezcan.

Olfato

Los recién nacidos son capaces de oler, de hecho, huelen a su madre desde el principio, y les sirve para reconocerla. Al padre también tienen que olerlo. No debéis usar colonias fuertes, ni vosotros ni el bebé. Que os huela a lo que sois.

Ojos

Al principio los bebés tienen los párpados edematosos, por lo que verle los ojos es bastante complicado. Cuando pasan 2-3 días, el edema cede y es más sencillo. Son muy frecuentes las hemorragias subconjuntivales, en la parte blanca del ojo, sin importancia. Las pupilas deben de ser de tamaños similares.

¿De qué color tiene los ojos?

El color del iris puede variar en el futuro respecto del color al nacer. Casi siempre son de color azul oscuro, pero eso cambiará entre los seis y doce meses de vida.

Al nacimiento se les suele poner una pomada antibiótica para prevenir problemas infecciosos. Esto al principio puede haceros creer que el bebé tiene secreciones debidas a una conjuntivitis, pero frecuentemente, en el primer día de vida, es solo la pomada que recibió. Es muy frecuente que el bebé recién nacido meta un ojo hacia adentro, sin que tenga significado patológico. Que no os hagan creer que hay un problema, al menos, en el primer mes de vida.

La parte blanca del ojo se llama esclerótica, y como en los bebés es muy fina, puede tener una tonalidad azul. Además, cuando el bebé tiene icteria, se ve amarillenta (será el primer lugar en ponerse amarillo y el último lugar en quitarse, tranquilidad).

En el primer mes de vida el llanto del bebé no suele ir acompañado de lágrimas, no esperéis que las tenga ni creáis que os intenta manipular por no derramar lágrimas por la cara cuando llora.

Cuando hay un ruido fuerte o una luz intensa, cierran los ojos. Si cogéis al bebé entero, con una mano en el culete y otra en pecho, sujetándole también la cabeza, y lo balanceáis hacia arriba, de forma que de estar en horizontal y boca abajo, pasa a vertical, el bebé abre los ojos.

Si en algún momento, más adelante, os parece que los ojos están turbios o lechosos, o notáis movimientos oculares raros, acudid a vuestro pediatra.

¿Los niños ven?

Los bebés ven, aunque no como verán después. Vuestro bebé no es capaz de enfocar a diferentes distancias, pero puede fijarse en caras cercanas, entre veinte y treinta centímetros y poco a poco es capaz de seguir con los ojos y fijarse en la cara de su madre, ayudado por el oído y el olfato. Esa distancia es la necesaria para fijarse en sus padres. Desde la cuna no os ve, eso seguro, o lo hará borroso. Tenedlo cerca. A medida que se acerca al mes, es capaz de seguir objetos durante un breve tiempo. Les suelen gustar los colores vivos y los contrastes de color, por eso a veces las dibujos en blanco y negro les atraen más.

Orejas

Se debe comprobar si existe conducto auditivo, o tiene fositas o apéndices. Las fositas, o esas excrecencias pequeñas delante de la entrada del oído, no suelen tener significado más allá del tema estético; estos apéndices pueden quitarse por el cirujano.

¿Los niños oyen?

Los bebés oyen, ya desde antes del parto, y lo que más les gusta es la voz humana, especialmente la de su madre. También están acostumbrados a escuchar el latido del corazón de mamá y sus tripas. Debéis hablarle al bebé en tono suave, sin sobresaltos, y también respetar momentos de silencio. Un recién nacido sin problemas auditivos se gira al oír un ruido fuerte, pero si le habláis, puede girar los ojos hacia vosotros. Conoce bien la voz de su madre y también la de su pareja. Si os demanda atención, o está llorando en la cuna, habladle, por favor, lo necesita.

¿Por dónde respira el bebé?

Es una pregunta no tan obvia porque los bebés respiran por la nariz, y no por la boca, hasta pasados unos meses. Solo lo hacen por la boca al llorar y por eso a veces las secreciones que pueden quedar tras el parto en las fosas nasales o cuando el bebé tiene mucosidad, le producen dificultad para respirar.

Boca

La boca de los bebés no suele tener dientes, pero si los tiene al nacer se llaman natales y si salen poco después, neonatales. No suelen asociarse a otros problemas salvo que el bebé tenga más alteraciones. Cuando aparecen están muy poco formados, y casi nunca dan problemas, quizá una úlcera en la base de la lengua, que puede obligar a extirparlos.

El paladar del bebé tiene una parte dura y otra al final, blanda, donde está la campanilla. Puede haber una fisura, fisura palatina, en el velo del paladar, que no sea muy apreciable si está en la parte blanda. Por eso es importante verle bien la boca y por eso el pediatra se la abrirá bastante. En ocasiones se asocia a una malformación llamada labio leporino, en la que hay una hendidura en el labio superior.

En esta unión entre el paladar blando y el duro suele haber unos quistes blancos llamados perlas de Epstein, que no tienen importancia, o en las encías, llamados nódulos de Bohn.

En otras ocasiones aparece un bulto en la base de la boca, bajo la lengua, que se llama ránula (parece el cuello de un sapo, de ahí el nombre). Se suele asociar a traumatismos locales.

Si el frenillo lingual impide el movimiento de la lengua, se llama anquiloglosia, y puede darle dificultades en la lactancia, aunque la mayoría no lo hacen. Se hablará del frenillo más adelante.

Puede que os llame la atención la escasa cantidad de saliva que tienen los bebés en el primer mes de vida, pero es normal. Más adelante babeará cuando las glándulas salivales trabajen más, no porque le estén saliendo los dientes, aunque puede que os digan que los dientes son culpables de todo.

¿Los recién nacidos distinguen sabores?

Claro, incluso tienen sus preferencias de sabor. Les suele gustar más lo dulce. Lo que se parezca a la alimentación que su madre tiene influirá en sus gustos posteriores, ya que van notando esos sabores en la leche materna y van modulando sus preferencias.

Cuello

El cuello de los bebés es corto pero hay que examinarlo porque pueden observarse masas o pequeños agujeritos (fístulas), así como también hay que comprobar si se mueve bien.

Pasados unos días tras el parto, algunos bebés mueven poco la cabeza, quedando esta hacia un lado. Esta tortícolis suele asociarse a que en el músculo que une la nuca a la clavícula, el esternocleidomastoideo, hay un hematoma que está tirando, normalmente producido en el parto. Lo más habitual es que empiece a notarse días después. Con ejercicios de fisioterapia suele responder bien.

Otra cosa que a los padres os suele agobiar mucho es si os dais cuenta de que la mandíbula no está alineada. Es decir, que las encías inferiores no están paralelas a las encías superiores. Nunca tiene importancia, y se llama asinclitismo. En el útero, la mandíbula se ha comprimido contra los huesos de la madre y parece que está torcida, pero vuelve sola a la normalidad en poco tiempo.

El sistema nervioso

La maduración neurológica de los bebés es progresiva; deben hacer ciertas cosas a unas edades y dejar de hacer algunas a otras edades. Estas cosas son los hitos del desarrollo, y son orientativos, ya que los plazos para cumplirlos son bastante amplios, pero sirven de guía para reconocer de forma temprana posibles alteraciones en los bebés.

Con el primer hijo hay una fuerte tentación de comparar los hitos del desarrollo con los demás; después esto va desapareciendo con el segundo, el tercero, etc. En algún punto casi todos los niños llegan a hacer lo que deben hacer y no tiene demasiada importancia si lo hicieron más o menos rápido. Esto no es una competición, lo importante no es ser el primero, sino llegar.

A veces veréis que el bebé hace esto o aquello con las manos, y eso casi siempre es normal; pero el mismo movimiento, si se repite demasiadas veces seguidas, ya no es normal, sino todo lo contrario.

Si vuestro bebé está muy tembloroso, el pediatra tratará de comprobar si se debe a una bajada de azúcar o calcio, por ejemplo, o bien, a un efecto secundario de la medicación materna. Los recién nacidos suelen tener hipo, sin que sea nada malo. En ocasiones, bostezan, y tampoco suele asociarse a nada importante.

Muchos bebés hacen movimientos de autorregulación, metiéndose las manos en la boca, adoptando la posición fetal, etc. Otras veces, como veremos después, son signos de hambre.

Puede que el bebé no mueva el brazo bien y que el médico crea que tiene una parálisis braquial, porque en el parto se han estirado de más los nervios que van al brazo. Os explicarán qué se puede hacer y cuál es el seguimiento necesario.

Los recién nacidos tienen una serie de reflejos autónomos que hacen mucha gracia en general, pero que tienen un significado por sí mismos; su ausencia, o su prolongación meses después del nacimiento, puede suponer problemas. Hablan sobre la integridad del sistema nervioso del bebé.

• **Reflejo de Moro:** el bebé parece que tiene un sobresalto, extendiendo los brazos y los pies, y luego recogiéndolos. Si escucha un ruido fuerte, o se le mueve con brusquedad, aparece este reflejo.

• **Reflejo de prensión:** si le pones uno de tus dedos en la palma o en la planta, cierra la mano o dobla la planta del pie. Si intentas sacar el dedo de la mano, aprieta más, e incluso puedes levantar al bebé sujetándolo así con las manos.

• **Reflejo de búsqueda:** si le pones un dedo cerca de la boca o la mejilla, se lanza a él.

• **Reflejo de succión:** si le metes un dedo dentro de la boca, lo succiona.

• **Reflejo de Galant:** si lo sostienes boca abajo con una mano y con la otra le tocas los laterales de la columna, se arquea hacia ese lado.

• **Reflejo tónico del cuello:** si, boca arriba, le giras la cabeza a un lado, extiende el brazo al que la cabeza mira, y flexiona y aprieta el puño del brazo del otro lado.

• **Reflejo de la marcha:** el bebé parece caminar cuando se le pone erguido sobre una superficie dura, si es capaz de tocarla con los pies.

La mayor parte del tiempo, el bebé está durmiendo, y poco a poco irá durmiendo menos, igual que vosotros (lo siento). El sueño puede ser profundo o más superficial; también puede el bebé estar despierto y tranquilo, o llorando. Si os fijáis bien, el bebé es capaz de seguir un poco una cara o una voz o un objeto, o reaccionar ante un sonido.

Los bebés, desde el principio, son capaces de sonreír en sueños, pero la sonrisa social, la que muestran cuando le hacemos carantoñas, aparece como muy pronto en torno al mes de vida.

La mejor forma de estimular a un recién nacido consiste en hablarle, arrullarle, cogerlo en brazos, cantarle, mirarle, tocarle, que os note, que os huela, que os sienta. Aunque se recomienda que duerma boca arriba, cuando esté despierto es bueno que esté boca abajo a ratos, para favorecer los movimientos de la cabeza y el cuello, siendo capaz de levantarla brevemente y cambiarla de lado.

El desarrollo neurológico de un bebé es tan complejo que muchas veces es difícil saber si un bebé tiene una alteración importante o no la tiene en los primeros días de vida; se necesitan los controles evolutivos para sospechar algo. Por suerte, la inmensa mayoría no los tendrán.

Postura

La postura más habitual de un bebé a término es con los brazos y piernas flexionadas, pataleando alternativamente cada cierto tiempo y teniendo la cabeza apoyada en la cuna. Pasados los días, acercándose al mes, van abriendo y cerrando las manos. Tumbados boca abajo, hacen movimientos de reptación y son capaces de girar la cabeza.

Pelo

Al nacimiento hay bebés con mucho pelo en la cabeza y otros con poco. A medida que pasen las semanas, lo irán perdiendo, y en los meses posteriores les saldrá pelo nuevo. No hay ninguna relación entre la cantidad de pelo y los ardores en la madre durante el embarazo, ni tantas cosas que se dicen.

¿Cuánto crece un bebé recién nacido?

Se espera que un niño o niña sano, que no sea prematuro ni de bajo peso y bien alimentado, aumente aproximadamente un kilo de peso durante este primer mes y unos cuatro centímetros en su longitud; el perímetro cefálico, que es lo que mide la cabeza, es un reflejo de cómo va creciendo el cerebro. Crece unos dos centímetros, pasando de 34 a 36 centímetros en el primer mes, aproximadamente. Pero todos estos datos son aproximados.

Los que más sabéis de vuestro bebé sois vosotros

La asistencia al niño depende mucho de la ansiedad de los padres y del médico que los atiende, formándose en ocasiones dúos peligrosos, especialmente para el bebé.

Los padres necesitáis saber qué tenéis que hacer en determinadas circunstancias y qué no debéis hacer, aunque todo el universo conspire para que lo hagáis. Podéis tomar decisiones sobre la salud de vuestros hijos, vosotros, no los demás. Esa capacidad de decisión es vuestra, de los padres y madres, y los pediatras y otros profesionales deben ayudaros a decidir, pero aceptando vuestra forma de actuar en los temas que se salen del ámbito de la medicina, que son la mayoría.

El problema es que muchas actitudes hacia el cuidado de un bebé, que son sobre su crianza, no sobre su salud, se lo preguntáis al pediatra, a veces con insistencia, cuando casi todas las opciones son válidas si vosotros, los padres, lo queréis. Los bebés y las familias no sois casos clínicos, sino personas. Se ha convertido en una epidemia la práctica de orientar en todos los aspectos de la crianza de los niños, desde el sueño a la alimentación, pasando por la educación, exagerando condiciones y posibilidades que normalmente pueden ser remotas, en gran parte por presiones de la sociedad y comerciales.

Como sabéis, hay algunos que abogan por una crianza en la que el bebé es el centro de la galaxia, y otros, en la que es un ser independiente que os quiere tiranizar. ¿No será que no está nada claro? Os podéis llegar a quedar con udas ante todo, delegando cada aspecto del cuidado del bebé en otros, cuando los que mejor conocéis al bebé sois vosotros.

La estancia en el hospital

Tras el parto, hay un periodo de estancia en el hospital. Los padres frecuentemente tenéis una imagen mental de lo que es el nacimiento de vuestro hijo, pero en ocasiones, si no se parece a la realidad, os podéis sentir inseguros, llenos de temores y en un lugar desconocido, el hospital. Conocer lo que va a pasar ayuda a manejar esa incertidumbre y a disminuir los miedos.

Mucha parte del cuidado del bebé lo haréis vosotros, los padres y madres.

¿Cuánto tiempo estaremos en el hospital?

Normalmente los padres y el bebé estáis en el hospital menos de 48 horas, aunque esto puede variar según las condiciones maternas o el tipo de parto. Por ejemplo, en las cesáreas es frecuente que la madre esté al menos tres días ingresada. Hay que saber que una cesárea no es ninguna tontería, se trata de una cirugía mayor y la madre puede necesitar cuidados especiales durante ese tiempo. Cada vez hay una mayor tendencia a dar de alta antes, aunque no es lo más recomendable para el bebé. Salvo que tengáis un apoyo excelente, se recomienda a las 24-48 horas en los partos eutócicos.

¿Es importante que el bebé esté todo ese tiempo?

La mayoría de las veces sí, para comprobar que no hay problemas infecciosos, que el bebé realiza bien las tomas y que los padres sois autosuficientes. En algunos países se van a las dos horas del parto, pero la valoración del bebé es muy deficiente si no se vuelven a revisar en las siguientes horas

Lo que sí debe suceder es que el bebé esté con vosotros siempre, salvo que tenga algún problema que obligue a ingresarlo en la planta de neonatología. No permitáis separaciones sin una justificación clara. El *aquí se hace así de toda la vida* en este tema es solo una excusa y tenéis derecho a estar con él.

Si por lo que sea os vais a las veinticuatro horas, o el bebé está amarillo o es un prematuro tardío, deberíais volver a llevar al bebé para valoración a vuestro centro de salud o al hospital en las siguientes 24-48 horas.

¿Me van a ingresar al bebé?

La gran mayoría de recién nacidos no ingresan nunca. Si presentan algún dato de enfermedad, necesitan observación por el mismo motivo, o si son prematuros o pesan poco, puede que ingresen. Aunque esto varía, y mucho, entre los diferentes hospitales, en general, se suelen ingresar los bebés prematuros menores de 35 semanas de gestación o con un peso menor de 2.100 o 2.000 gramos. Si el bebé es de 35 semanas o más, y pesa más de lo referido, pero no tiene buen aspecto a la exploración, o succiona muy débilmente, también suele ingresar. Frecuentemente la decisión de ingresar al bebé no se hace justo al nacer, sino precisamente en los días que pasa en el hospital. Por eso hay que mantenerlos algún tiempo.

Si por lo que sea ingresa, os deberían dejar pasar las veinticuatro horas del día a la unidad de neonatología, sin restricciones. Si no lo hacen, tendréis que pedirlo, porque es vuestro derecho.

La cartilla de salud

Cuando nace el bebé os dan unos papeles que tienen bastante importancia. Hay tantos cambios, las visitas, las emociones, etc., que muchas veces no los miráis, pero os aconsejo que los leáis, mejor en la propia maternidad, porque pueden ser de gran ayuda. Estos documentos varían de forma infinita entre cada comunidad autónoma, y entre los hospitales, pero la mayoría tienen información general sobre el cuidado del bebé, la cartilla de vacunaciones (donde se irán apuntando las diferentes vacunas que reciba), la información sobre el cribado de metabolopatías congénitas (la prueba del talón) y una cartilla donde, además de consejos, se irán apuntando las diferentes revisiones que el bebé tendrá en sus meses posteriores, hasta la adolescencia, en especial las pruebas de detección precoz, el crecimiento y desarrollo, la alimentación, etc.

Información como el peso, la longitud, el perímetro cefálico, el tipo de parto, las pruebas realizadas, las medicaciones, la alimentación, etc., se apuntan ahí, aunque en otros hospitales se da un informe diferente con esos datos, una especie de informe de asistencia del recién nacido, como si fuera un informe de alta.

Las rutinas

El hospital es un lugar con rutinas y cosas que pasan que puede que no entendáis bien, por eso os voy a dar una serie de orientaciones. Yo algunas tampoco las entiendo.

El hospital no es vuestra casa, ni tampoco es un hotel. Es un hospital y hay unas reglas, aunque sean mínimas, que hay que conocer. Para mayor complejidad, cada hospital tiene las suyas.

Se supone que es un lugar para descanso, en algunas zonas hay personas recuperándose de problemas, pero muchas veces, descansar, lo que se dice descansar, no se consigue.

Cada día os irán dando material nuevo si lo necesitáis. Hay un horario de alimentación para la madre, pero el bebé, que comerá teta en principio, no tiene horario. Si por lo que sea toma leche artificial, me temo que también tendrá que adaptarse un poco a ciertos horarios.

La enfermería da la medicación y realizará las pruebas que tengan prescritas a las horas que tengan acordadas. En el hospital la enfermería suele trabajar en turnos de ocho o doce horas, y los médicos, de ocho horas por la mañana, quedando a partir de las quince horas o en los fines de semanas, solo los que están de guardia.

Es frecuente que desde las ocho en punto de la mañana ya escuchéis mucho ruido, por el cambio de turno de por la mañana, y que la gente empiece a entrar en la habitación. Para el desayuno, para darte cosas, para darte la medicación, etc. Muchas veces puede que no sepáis para qué.

La ginecóloga suele pasar por la habitación para ver a la madre y también la pediatra para ver al bebé. En algunos hospitales ven al bebé todos los días y en otros, solo al alta. Desde hace años el bebé se le pone a la madre al nacimiento sobre su pecho, por lo que no se examina en ese momento, sino después, en la planta. En cada vez menos hospitales se llevan al bebé a otro sitio para que lo explore el pediatra; si es uno de estos sitios, tenéis que pedir acompañar al bebé. Intentad preguntarle las dudas que tengáis en esos momentos al pediatra. No todo el que pasa por allí está igual de capacitado ni tiene la misma responsabilidad en la información. La sensación de que «cada uno dice una cosa» se puede multiplicar hasta el infinito si os da igual quién responda.

Tras llegar a la planta de maternidad, suelen pesar y medir al bebé. Se le administra la vitamina K intramuscular, que sirve para evitar hemorragias en el bebé, y también se le aplica una crema en los ojos para evitar infecciones. Suelen bañarlos, una vez al día, generalmente en otra habitación, aunque también se hace en la misma habitación en algunos sitios.

¿Hay que ponerle un gorro al bebé?

Os dirán que sí, pero realmente, no es necesario. No se ha demostrado que impidan la pérdida de calor, ni en grandes prematuros, cuando se buscan evidencias de su utilidad. Si el bebé queda con la madre, el gorro no es imprescindible, aunque no pasa nada por ponérselo.

Y si se le pone, ¿cuándo se le quita?

Es una pregunta pertinente. Cuando ya le hayáis hecho las fotos, o cuando vosotros queráis. Quedan muy bonitos y hacen que no se vean las cabezas apepinadas que a veces tienen, pero poco más.

Las visitas, esa gente que somos todos

Las visitas en el hospital suelen ser un problema del que los padres no sois a veces conscientes. Como parece que se entra en una lista negra si no se visita en el hospital a cada madre recién parida, las habitaciones están llenas de personas que van a ver a los padres, y no se consigue la intimidad que estos necesitan para que el bebé se enganche, o coma sin que los interrumpan, y que madre y bebé descansen. Todos hemos sido visitas, y aún estamos a tiempo de hacerlo mejor.

La madre, tras una cesárea, necesita reposo, y otras madres, por pudor, no están alimentando al bebé todo el tiempo que sería conveniente porque no quieren tener el pecho fuera ante amigos y familiares; o estáis cansadas o no queréis decirles a los que vienen a ver al bebé que se vayan pronto. Puede que el bebé no se agarre porque la madre está en otra cosa, intentando complacer a la visita y el bebé además esté estimulado por todos los frentes posibles. Aquí os dejo una serie de indicaciones para lidiar con las visitas:

• Un truco aconsejable a día de hoy es mandar un mensaje, a través de listas de difusión o grupos de WhatsApp donde digáis cómo de bien ha ido todo, lo mucho que ha pesado, lo que se parece a su madre (menos mal) y lo necesario que es que ambos descanséis, sugiriendo que ya avisaréis en casa cuando sea el mejor momento para visitar al bebé. Algunos amigos y familiares hasta se sentirán aliviados con este mensaje.

• Las visitas deben ser limitadas. Pocas personas y cortas de tiempo.

• La pareja en esto es de extrema importancia, ya que debería regular el flujo de personas, siendo el defensor del descanso de la madre y el bebé.

• No es necesario que los familiares estén pasándose sin parar al bebé de unos brazos a otros, ni besándolo o estrujándolo. Al bebé hay que dejarlo todo lo que se puede encima de su madre, o de su padre.

• No es buena idea que las visitas os digan lo que no hacéis bien si no lo preguntáis vosotros. En ocasiones se tiende a infantilizar a la madre, todo el mundo le dice lo que debe hacer; la pareja debe estar alerta para indicar que la madre es la persona más importante para el bebé y la que tiene la última palabra, junto a la pareja, en las decisiones.

• Las visitas siempre tienen un horario, pero en muchos lugares de España no se cumple, por lo que es otra vez la pareja la que tiene que defender a su familia y exigir a sus familiares que vengan en esas horas y que a cierta hora se vayan a sus casas, porque *ya es la hora.*

• Si los familiares o amigos están acatarrados o tienen síntomas de alguna enfermedad, no deberían visitar al bebé, y esperar a verlo cuando no fuesen una fuente de infección.

• No es aconsejable que despertéis al bebé para que las visitas lo vean interactuar. No es un juguete.

• No es aconsejable que todos besen al bebé.

• No es aconsejable que uséis perfumes intensos para visitar al bebé.

• También tendréis que aconsejar a las visitas que salgan si algún profesional quiere examinar a la madre o al bebé, o quiere haceros preguntas íntimas, por respeto a él, a vuestro bebé y a vosotros mismos.

Los consejos de los visitantes

Cada persona que traspasa la puerta, sin conocer vuestro historial médico ni haber explorado al bebé, sabe más que vosotros sobre vosotros mismos y sobre vuestro bebé y el bebé de cualquiera. Y más que los pediatras, por supuesto.

En España, al menos, es así. Por eso no pararán de daros consejos, la mayoría de las veces sin que vosotros, los padres, los hayáis pedido. Intentad, en la medida de lo posible, lidiar con ellos y haced caso según quién sea el que lo da y en base a qué.

Muchas veces se escuchan frases, en teoría para ayudar, que lo que hacen es desanimar especialmente a la madre: «pide mucho», «duerme mucho», «no tienes leche», «eso es aguachirle», «pide un biberón», «está perdiendo mucho peso», «ninguno de mis nietos hacía eso», «se va a acostumbrar a los brazos», etc. Incluso esos consejos pueden venir de personas, profesionales sanitarios. Os lo digo porque yo los escucho de vez en cuando.

En muchas de las ocasiones, el consejo más sincero, como ya sabéis, es deciros que apliquéis el sentido común (es decir, haced lo que queráis en ese tema).

Regalos de los visitantes

No estaría de más que orientarais sobre lo que queréis puesto que, además de facilitar esa impulsividad consumista del entorno, conseguiríais cosas que de verdad os sean útiles. Y si no queréis nada, pues lo decís, que no pasa nada.

No está muy indicado regalar chupetes, a menos que vosotros los queráis, así como tampoco biberones y productos similares si vosotros no los queráis usar. Pero si los queréis tener, pues por lo menos que no os regalen un montón de ellos. Los peluches y juguetes son para los padres y al final acaban, según su tamaño, en un armario, en un trastero o en vendidos por internet. El bebé no los necesita, y pueden ser hasta peligrosos, lo veremos varias veces después. Si os regalan pulpitos para que el bebé se desarrolle mejor, no os lo creáis. Ojalá fuera verdad. Como mucho puede asfixiarse. El bebé, no el pulpo.

Los cojines para que el bebé no se dé la vuelta en la cuna no están recomendados, por mucho que diga en su publicidad, y son un medio para que el bebé no muera de síndrome de la muerte súbita, pero sí por asfixia. Igual pasa con los cojines antivómito o los cojines antiplagiocefalia. Los cojines de lactancia no son imprescindibles, aún no dan de mamar al bebé. Lo veremos después.

No es necesario humidificar la habitación del bebé, y menos con uno de esos aparatos que venden. Una palangana con agua en una zona inaccesible de la habitación también humidifica, y es más barata. Si es que queréis humidificar la habitación, claro.

Los aparatos de monitorización del bebé, para que no tenga síndrome de la muerte súbita, no sirven para nada. Al igual que las aplicaciones móviles, se desaconsejan siempre. Crean la necesidad de una vigilancia constante, y de seguridad frágil, que contribuye a la ansiedad familiar. El miedo vende mucho y como os digan que son necesarios, los compraréis.

Muchas personas suelen llevar flores a las mamás y papás aprovechando que han tenido un bebé. Es posible que alguien os diga que las plantas por la noche consumen oxígeno, y que hay que sacarlas de las habitaciones por ese motivo. Recordad que si en la visita de los familiares y amigos van tantos como suele pasar, ellos son los que le están quitando el aire al bebé, y no la florecilla.

Puede que un sacaleches, una sillita para el coche o algunas dosis de las vacunas no financiadas sean de más utilidad. O una tarjeta de regalo, para cuando sepáis que es lo que necesitáis, sea lo más práctico. Decidlo si os preguntan.

Los compañeros

En muchos hospitales la habitación es compartida, y tenéis que convivir unos días con esa otra familia. Intentad que la relación sea positiva.

El pediatra

Él o la pediatra es el médico especializado en las enfermedades de los niños, y también en el desarrollo de estos. Son médicos que después de la carrera, han aprobado el examen MIR y durante cuatro años se han especializado en pediatría. Y luego, los años que lleven desde entonces sin parar de ver niños. Algunos de estos pediatras se especializan aún más, y por eso se dividen en diferentes áreas. Por ejemplo, es frecuente, según el tipo de hospital, que en el parto y en la maternidad el pediatra que os atienda sea neonatólogo, que es el que se especializa a su vez en recién nacidos, incluidos los prematuros. El residente de pediatría no es un estudiante, es un médico que ya puede trabajar como tal, que está especializándose en pediatría. Aun así sabemos que algunos se fían más de Google o del chat, donde dicen otras cosas. Otros pediatras pueden participar en un momento dado en la asistencia a vuestro bebé. Por ejemplo, si tiene un soplo en el corazón, lo verá un pediatra cardiólogo, o si hay que hacerle una ecografía en la cabeza o de los riñones, por ejemplo, lo verá el médico radiólogo; si tiene un problema de traumatología, lo verá el traumatólogo.

En el caso de que ingrese por algún motivo, veréis que hay más médicos pediatras que el que pasó por la maternidad, muchos con diferentes especializaciones.

Una vez que se vaya de alta, lo atenderá su pediatra de atención primaria. En muchos centros de salud lo atienden médicos de familia también.

Otros profesionales

La matrona, la enfermera de la planta, las auxiliares, la enfermera o enfermero encargado de las pruebas del oído, el trabajador social, la persona encargada de la limpieza, los repartidores de la comida, estudiantes de medicina, estudiantes de enfermería, personal de mantenimiento, personal de seguridad, etc. La lista de profesionales que están cerca de vuestro hijo es muy amplia. Hay hasta curas.

Tipos de pediatras

Los pediatras son personas antes que médicos, y esto hace que cada uno sea diferente a otro. Unos son más simpáticos, otros menos. Algunos se guían más por las pruebas y otros por la exploración; unos tienen miedo de todo y otros manejan mejor la incertidumbre. Unos son más buenos en algo, y otros son mejores en otras cosas. Unos creen todo lo que las guías dicen y no dudan de nada y otros dudan de lo que las guías dicen cuando las pruebas no son buenas.

Intentad ayudarles, es lo que ellos quieren hacer con vosotros. Veremos después cómo elegir a un pediatra para el seguimiento de vuestro bebé.

Las pruebas al bebé

El test de Apgar

El test o la prueba de Apgar es una puntuación que se les da a todos los bebés justo al nacer; es la suma de varias signos que se miran al minuto de nacer, y también a los cinco minutos.

Se hace para valorar cómo está el bebé inmediatamente tras el parto y si necesita ayuda. Se llama Apgar por el apellido de la anestesista que lo ideó en el siglo XX.

La puntuación va de 0 a 10: cuanto mayor es, mejor para el bebé. Lo que se observa es la frecuencia cardiaca del bebé, cómo respira, cómo se mueve, si llora o hace muecas y la coloración de la piel. En raras ocasiones también se hace a los diez minutos.

Lo realizan las matronas o los pediatras y no es una competición; no sirve de nada tener un Apgar de 8 o uno de 10, no cambiará para nada al bebé, ni será más bueno o más listo.

Lo ideal es que, si el bebé nace bien, el test de Apgar se valore encima de la madre, ya sabéis, piel con piel.

El test de Apgar al minuto refleja cómo ha tolerado el parto el bebé, y a los cinco minutos, cómo son de efectivas las posibles medidas de reanimación. La mayoría de los bebés tienen Apgar 9-10, aunque algunos tienen puntuaciones menores de 7 y necesitan medidas de reanimación para que a los cinco minutos tengan una puntuación normal. Las puntuaciones no sirven para predecir el estado de salud del bebé, se idearon para saber qué bebés necesitaban ayuda al nacimiento.

La gran mayoría de bebés con test de Apgar bajo al minuto son completamente normales.

El test de Apgar tiene algunas limitaciones, como en el caso de los bebés prematuros, que tienen un tono muscular más bajo de por sí.

No os quedéis con un número.

La identificación del bebé

Identificar al bebé es muy importante porque ya habéis visto que hay mucha gente y muchos bebés en el hospital. En España hay unas normas muy claras de cómo deben identificarse los recién nacidos, y prácticas como plasmar la huella del bebé de las manos o pies con tinta en su historia, ya están obsoletas y no deberían seguir haciéndose.

Lo más habitual es usar un juego de pulseras para la madre y el bebé, todas con el mismo número. Así, tanto el número de la madre como el que lleva el bebé en el tobillo y en la pinza del cordón, son únicos y están asociados también a un código de barras. Por si, además, se necesitara realizar una prueba de ADN para comprobar la identidad del bebé, justo al nacimiento, se recoge sangre de la madre y del cordón del bebé, en un documento que también se guarda junto con ese número, de forma que esa unión es otro seguro para poder comprobar posibles errores.

Si se parece al padre o a la madre ya os lo dirán todos, no os preocupéis, pero no sirve como método identificativo.

El grupo sanguíneo

En muchos hospitales se usa la sangre del cordón para realizar el grupo sanguíneo del bebé (A, B, 0, AB) y el Rh (negativo o positivo). Además, se realiza una prueba llamada test de Coombs, para determinar la compatibilidad de la sangre del niño con su madre.

Los gases del cordón

También se suelen analizar los gases de muestras de la sangre de cordón, justo al nacer, que son un reflejo del estado de bienestar del bebé alrededor del parto. Muchas veces los gases de cordón están alterados pero el bebé nace y hace la transición a la vida extrauterina de forma adecuada.

La vitamina K

La vitamina K es importante porque sin ella no se realiza bien la coagulación de la sangre y un bebé puede llegar a sangrar. Esto, que se llama enfermedad hemorrágica del recién nacido, puede presentarse ya desde el primer día de vida o hacerlo más tarde. La vitamina K pasa mal por la placenta; las bacterias del intestino, que son las que la producen, no suelen estar en el bebé al principio, y la vitamina K está en escasa cantidad en la leche materna. Si además la madre toma algunos anticoagulantes o antiepilépticos, el bebé tiene más riesgo aún.

Con una dosis única intramuscular de vitamina K en el bebé, se evita ese riesgo. Gracias a esto, han disminuido mucho los casos de enfermedad hemorrágica. La alternativa es darla de forma oral, pero debe hacerse durante varias semanas, y los padres seréis los responsables del cumplimiento. No está demostrado que la protección sea igual de eficaz dándola por vía oral, de hecho, los casos que se ven ahora suelen ser en niños que la recibieron oral (si es que realmente la recibieron). Pero si lo hacéis, normalmente la dosis es de dos miligramos al nacimiento, a la semana y a las cuatro semanas, aunque hay más pautas.

Hay que dársela, más aún si toma lactancia materna.

La crema en los ojos

Cuando ya pasa a planta, al bebé le ponen una crema antibiótica en los ojos para prevenir infecciones que puede llegar a ser muy graves. Antiguamente, la principal causa era el gonococo, ahora es otro germen llamado clamidia. Se debe poner incluso en las cesáreas, porque está demostrado que el riesgo existe incluso en ellas, especialmente si tienes la bolsa rota. El riesgo son lesiones oculares y, en casos raros, ceguera. Está de moda no poner este colirio antibiótico entre algunos padres que dicen que no tienen enfermedades de transmisión sexual (y mucha confianza en ellos mismos y sus parejas), pero tenéis que saber que esas dos enfermedades no se miran en las embarazadas, y que la clamidia puede pasar desapercibida fácilmente. Para no interferir con el inicio de la lactancia, se debe aplicar tras pasar las dos primeras horas, idealmente en las primeras cuatro horas.

Prueba del talón

La famosa prueba del talón se llama realmente cribado de metabolopatías congénitas, y consiste en recoger sangre (y en algunos sitios también orina) para intentar detectar niños con algunas enfermedades concretas, muchas de ellas metabólicas u hormonales, pero en algunas comunidades autónomas incluso de otros tipos. Se llama prueba del talón porque se suele pinchar ahí, pero la sangre se puede sacar del talón, de una oreja o de donde sea.

En estas enfermedades no se manejan bien los nutrientes para mantener sanos los tejidos y producir energía, o falta una hormona para el desarrollo correcto del cerebro. Según el lugar y el laboratorio, se hace a las veinticuatro horas, a los tres días o incluso a la semana.

Lo que debéis saber es que es muy importante hacerla, porque la mayoría de estas enfermedades, si se detectan pronto, tienen mejor solución para el bebé, cambiando el pronóstico a veces de forma radical. Estas enfermedades no se detectan por el aspecto externo del recién nacido, o dan síntomas muy inespecíficos que no orientan hacia ellas. Por ello, es imprescindible que se les haga esta sencilla prueba.

Puede que os pidan que mandéis nuevas muestras para confirmar algún resultado dudoso. Si al final la prueba del talón da positiva para una de estas enfermedades, no significa que el bebé tenga esa enfermedad, sino que es necesario hacer otras determinaciones más específicas para descartar esa enfermedad concreta; la verdadera prueba suele ser más costosa. Es decir, la prueba del talón detecta a todos los que tienen esas enfermedades, no se les escapan, pero luego hay que confirmar que realmente la tenga el bebé. Las enfermedades que se detectan varían según las regiones, aunque en todas se busca el hipotiroidismo congénito y la fenilcetonuria.

• En el hipotiroidismo congénito, el bebé, por muchos motivos, no tiene suficiente producción de hormona del tiroides, la cual es muy necesaria para el desarrollo del cerebro, especialmente desde el nacimiento hasta los tres años. Si se detecta, con una simple pastilla, el bebé tendrá un desarrollo neurológico normal.

•En la fenilcetonuria, una parte de las proteínas no se maneja bien, y se van acumulando sustancias tóxicas, que pueden dañar al bebé. Excluyendo la fenilalanina de la dieta puede evitarse ese problema.

•En la galactosemia no se metaboliza bien la galactosa, una sustancia que está en la lactosa, por ejemplo, en la leche materna, y que puede provocar daños neurológicos.

• Otra de las enfermedades más conocidas que se detectan es la fibrosis quística, en la que no se manejan bien las secreciones respiratorias y pancreáticas.

Y así, en algunas comunidades, hasta cuarenta diferentes (enfermedades de los aminoácidos, acidurias, defectos de la oxidación de las grasas, etc.). Lo que no se detecta en la prueba del talón es la ictericia ni condiciones como el síndrome de Down, que a veces los padres preguntáis eso.

Normalmente, rellenáis una tarjeta con muchos de los datos del bebé, la dirección y teléfonos, por si os tienen que localizar. Los resultados se reciben por correo, pero es posible que también los comuniquen por teléfono en casos urgentes.

Prueba del oído

En la maternidad, a las 48 horas de vida, ya se le pueden hacer las pruebas del oído. Los bebés pueden tener problemas de sordera, lo que marcaría su desarrollo neurológico temprano si no se detectan pronto.

Por ello, en el hospital o pocos días después, le harán a vuestro bebé alguna prueba para comprobar que escucha bien (otoemisiones acústicas, potenciales evocados auditivos…). La prueba no le provoca ningún daño al bebé y solo puede ayudar a detectar a aquellos que tengan un problema, para poder ponerle solución cuanto antes.

El que estas pruebas sean normales no quiere decir siempre que el bebé no tenga un problema de audición en el futuro. Sois vosotros los que debéis valorar la audición día a día. Se han dado casos de retrasos del lenguaje y problemas de escolarización por pérdidas auditivas desapercibidas. Por eso, en los primeros meses, es importante ver si se sorprende o parpadea cuando hacéis palmas delante de él, o si vuestras voces lo tranquilizan. En todos estos casos debe ser valorado por su pediatra para remitir al médico del oído.

Prueba del corazón

También llamada prueba de la pulsioximetría. En los últimos tiempos, cada vez más hospitales realizan a las doce o veinticuatro horas una prueba para detectar enfermedades graves del corazón que pudieran pasar inadvertidas, ya que algunas de ellas son muy difíciles de diagnosticar en el embarazo, con las ecografías. Acordaos que las ecografías son solo eso, unas pruebas, que no lo ven todo. En concreto, hasta el 30% de los casos de estas enfermedades críticas del corazón no se detectan con las ecografías y pueden empezar a dar síntomas en los primeros días de vida, muchas veces cuando ya estáis en casa. Por suerte son poco frecuentes. Esta prueba debe hacerse en todos los niños de la maternidad que están sin síntomas. También sirve para detectar otras enfermedades graves del bebé, no solo del corazón.

¿En qué consiste?
Consiste en ver qué cantidad de oxígeno hay en la mano derecha y qué cantidad hay en las piernas del bebé.

¿Cómo se hace?

Con un aparato, que no duele nada colocar, que se llama pulsioxímetro, ese que a los adultos le ponen en el dedo para ver si necesitan oxígeno. Se le coloca un sensor con un esparadrapo en la mano y en el pie y se compara el nivel de oxígeno que detecta en cada lado. Si es parecido, es correcto. Si hay diferencias mantenidas, se debe consultar con un cardiólogo pediátrico.

Nacer en casa no es motivo para que a vuestro hijo no le hagan esta prueba, igual que la del talón. El 30% de las cardiopatías graves no se detectan en las ecografías. Y eran embarazos normales. En algunos sitios las personas que atienden partos en casa ya lo están haciendo.

Pérdida de peso

Desde que nace, y diariamente en el hospital, el bebé se pesa para ver la evolución de su peso.

Los bebés nacen con un exceso de líquido. Fijaos que vuestro hijo tiene los ojos hinchados, por ejemplo, y debe perder ese agua. Es probable que la pérdida de peso, junto a si tenéis o no leche, sea lo que más os agobie de todo lo que pase en los 3-5 primeros días.

Todos los bebés pierden peso desde el momento que nacen, y siguen perdiendo peso los 3-5 primeros días, para luego ir recuperándolo, hasta llegar al peso del nacimiento a las dos semanas de vida, más o menos. Este proceso, que es normal, puede acentuarse mucho y que aparezcan pérdidas elevadas.

Se toleran unas pérdidas totales del 10% de peso, aunque no es lo mismo perderlo en un día que en cinco. En muchas ocasiones, estas pérdidas son la oportunidad perfecta para mejorar e identificar los problemas en la lactancia materna (la técnica, que no os dejen, etc.). Es posible que en algunos casos los bebés reciban un suplemento de fórmula para salir del círculo vicioso de gran pérdida, deshidratación, irritabilidad, mal agarre, etc. En todo caso, dejaos aconsejar por la matrona o los pediatras.

En otras ocasiones, la pérdida de peso puede acompañarse de coloración amarilla de la piel (ictericia), deshidratación o alteraciones en la composición interna del bebé (bajada de azúcar, subida del sodio, etc.).

No hay que obsesionarse con el peso del bebé; si se muestra vital, pide y toma 8-12 veces al día, moja 4-5 pañales diarios después del primer o segundo día y la orina es clara, es buena señal.

Como mucho, podéis pesarlo una vez a la semana si lo demás es así. No os vayáis a comprar un peso de bebés, por favor. Una vez en casa, buscad una farmacia cercana, para que sea siempre en el mismo peso y con la misma ropa, de forma que el aumento de peso sea fiable.

¿Está amarillo?

Quizá habéis escuchado alguna vez que a un bebé lo han puesto en las luces o le han cambiado la sangre porque estaba muy amarillo. Tenía ictericia. Ambas cosas pueden pasar, pero lo más importante es que sepáis que los bebés se ponen levemente amarillos sin que sea una enfermedad, y se les va pasando de manera paulatina, prácticamente en todos ellos.

Esa coloración a la piel se la da una sustancia llamada bilirrubina, que procede de los glóbulos rojos rotos. Es modificada por el hígado y excretada por las heces, dándoles color. Todo lo que puede hacer que se produzca más (chichones, hematomas), se elimine menos (prematuridad, enfermedades del hígado) o que se absorba desde el intestino (estreñimiento), va sumando en cifra de bilirrubina que se acumula.

Casi todos los bebés se ponen amarillos en los 2-3 primeros días de vida. Lo que el pediatra comprobará es el riesgo que el bebé tiene de tener cifras elevadas (hermanos con problemas similares al nacer, incompatibilidad de la sangre materna, como problemas con el Rh, prematuridad, etc.) y cuánto tiene por la exploración física (se puede apreciar siempre la coloración amarilla en el blanco de los ojos, es el primer y último lugar en presentarla; sin embargo, las palmas y las plantas solo se amarillean en cifras muy elevadas).

A veces le colocan un aparato en la piel que emite una luz: sirve para medir, sin pinchar al bebé, el nivel de bilirrubina, de forma transcutánea. Esos niveles de bilirrubina tienen diferente importancia según las horas de vida del bebé y la edad gestacional. Por ejemplo, todos los niños que están amarillos en las primeras veinticuatro horas hay que estudiarlos. Un nivel de diez miligramos de bilirrubina es muy normal al cuarto día y alto el primer día. Esos mismos diez miligramos el primer día en un prematuro obligan a darle al bebé tratamientos distintos que si fuera un bebé nacido a su término.

Lo anterior es lo referido al peligro de la bilirrubina, que se puede depositar en el cerebro y puede provocar sordera (lo más frecuente), retraso mental, crisis epilépticas e incluso la muerte (*kernicterus*). De ahí que entendáis que si el riesgo es muy alto hay que cambiarle la sangre por otra para tratar de eliminar el problema (exanguinotransfusión). Los problemas con el Rh de la madre y el bebé pueden estar detrás de los casos más graves. Lo veremos más adelante.

Pero, por otro lado, a veces la cifra es lo de menos, y lo importante es la causa. Por ejemplo, en algunas enfermedades del hígado o de los glóbulos rojos, o como en las infecciones, lo importante es lo que lo está provocando.

A medida que el bebé se acerca al mes de vida, las pruebas y el manejo de la ictericia se van alejando de las enfermedades y condiciones típicas del bebé y se acercan a las de niños más mayores (enfermedades hepáticas, genéticas, etc.). Un recién nacido cuando se acerca al mes, debe tener cifras menores de dos miligramos, como los adultos.

¿Debo preocuparme si...?

Si el pediatra detecta algo que precisa ingreso o estudio, os lo dirá, como hemos visto con el tema de la ictericia. Si precisa alguna prueba, también. Pero, en ocasiones, se hacen controles solo por riesgo de tener algún problema; los padres estáis preocupados y no entendéis bien por qué se le hacen esas pruebas al bebé si no tiene nada. Frecuentemente hay que anticiparse al problema. Por eso se llama así, riesgo.

Riesgo de hipoglucemia

A algunos bebés se les hacen controles de glucemia (azúcar) en las primeras horas de vida porque tienen riesgo de que les baje más de lo normal. Bebés con menos de 2.500 gramos, mayores de 4.000 gramos, pequeños para la edad gestacional, hijos de madre diabética, prematuros tardíos, etc., pueden tener bajadas de azúcar en sangre, frecuentemente en las primeras horas de vida, por lo que se les suele medir varias veces, aunque no tengan síntomas. Los síntomas de la hipoglucemia son muy variados, desde temblor llamativo e irritabilidad a somnolencia excesiva e hipotonía. En casos extremos pueden producir daños en el cerebro.

Las cifras de azúcar normales los primeros días son mucho más bajas que en los adultos, porque el bebé obtiene energía también de otras fuentes.

Riesgo infeccioso

Ciertos bebés tienen riesgo más elevado de tener una infección, pero no quiere decir ni mucho menos que el bebé la tenga. Aunque la práctica varía mucho entre diferentes hospitales, aquellos bebés hijos de madres con bolsa rota más de dieciocho horas, madres con fiebre, madres con sospecha de infección, madres con la prueba del estreptococo vaginal y rectal positiva sin tratamiento antibiótico, etc., se pueden considerar de riesgo. El manejo varía según los hospitales, desde hacerles controles analíticos a la simple observación, pero siempre con la idea de detectar una infección antes de que el bebé se ponga enfermo. Las analíticas no te dicen que el bebé tenga una infección, pero pueden orientar. Es posible que, si empieza con síntomas o las analíticas van empeorando, acabe ingresado. Os explicarán que en ocasiones hay que poner antibióticos incluso sin saber si realmente el bebé tiene una infección, porque no se puede esperar a ver si se pone malito.

La prueba que tú, mamá, te hiciste con una torunda a nivel vaginal y rectal es para detectar una bacteria llamada *Estreptococo agalactiae,* que hasta hace poco era la primera causa de infección en los recién nacidos.

El test de Coombs positivo

Ya vimos que de la sangre de cordón del bebé se mira el grupo sanguíneo y una prueba llamada test de Coombs. Esto quiere decir que hay reactividad entre la sangre de la madre y los glóbulos rojos del bebé. Por ejemplo, cuando la madre es Rh negativo y el bebé Rh positivo, si el test de Coombs es positivo, significa que la madre tiene defensas, anticuerpos, contra ese Rh positivo de la sangre del bebé. Pero eso no significa que al bebé vaya a pasarle nada. Habrá que vigilar que no le suba mucho la bilirrubina, y tendrá controles especiales por esto, porque puede elevarse rápidamente. Al igual pasa con los otros grupos sanguíneos e incluso con otras sustancias de la sangre menos conocidas. En la mayoría de las ocasiones queda en un dato de laboratorio. El pediatra os dirá si el bebé está poniéndose amarillo o no, y qué hacer.

¿Por qué estornuda?

Los bebés estornudan muy frecuentemente porque tienen secreciones. Imaginaos que antes del parto tienen llenos de líquido el pulmón, la tráquea y las fosas nasales. Casi siempre eliminan esos restos, pero a veces les producen estornudos o cornaje nasal (ruido al respirar). A vosotros también os pasa después de llorar o vomitar. No es importante preocuparse por los estornudos en los primeros días de vida.

Las madejas

Los bebés tienen secreciones en la garganta que les producen náuseas y en muchas ocasiones, pequeñas regurgitaciones. Algunos bebés tienen solo las náuseas, porque depende de cómo maneja cada bebé este problema. Son muy frecuentes en el primer día de vida, menos en el segundo, y en el tercero ya no se ven. Os preocuparán mucho, parece que se ahogan, especialmente el primer día, pero se pasarán. Ya sé que es difícil creerlo cuando parece que se está ahogando. Si, por el contrario, cada vez son más frecuentes, el segundo día más que el primero, es posible que el pediatra tenga que descartar algunas enfermedades del esófago, pero esto pasa pocas veces.

Regurgitaciones

A veces, los bebés expulsan parte de la leche tras las tomas. En general es algo benigno que no tiene importancia. Algunos recomiendan poner al bebé en posición vertical y darle suaves golpes en la espalda para que expulse el exceso de aire que haya podido tragar. Pero los bebés no siempre lo hacen y no pasa nada. Con el tiempo aprenderéis a reconocer a los padres de bebés, porque llevan el hombro manchado de leche. Otra cosa son los vómitos reales, pero eso lo veremos más adelante.

Soplos cardiacos

En las primeras horas la sangre de vuestro bebé deja de pasar por algunos lugares del corazón para hacerlo por otros; también algunos conductos tienen que cerrarse, por lo que es frecuente escuchar soplos cardiacos, que suelen ser muy suaves y que a veces antes del alta ya han desaparecido. Si el soplo es muy suave, y no se acompaña de coloración azul de la piel (cianosis), cansancio con las tomas, mala coloración, ausencia de pulsos en las piernas o mal estado del bebé, se suele derivar al cardiólogo pediátrico antes del alta o unos días después. Ya vimos la importancia de la prueba del corazón o pulsioximetría, y en estos casos, su necesidad es mayor aún.

Dilatación o líquido en el riñón

Muchas veces, en el embarazo, le detectan al bebé líquido o dilatación en los riñones. Según la cantidad, o si el bebé presenta más cosas, la importancia es mayor o menor. Cuando la pelvis del riñón mide menos de siete milímetros no hay mucho de qué preocuparse. En cifras superiores se suele pedir una ecografía renal pasadas unas semanas para comprobar el tamaño de estos, ya que la mayoría vuelven a la normalidad. Solo en casos más importantes, o con otras alteraciones, se suele hacer la ecografía durante el ingreso en maternidad, e incluso otras pruebas. El pediatra os lo dirá.

Quistes en la cabeza

En algunas ocasiones se ven en las ecografías fetales quistes en los plexos coroideos (una zona del cerebro), lo que os hace vivir un embarazo angustiado. Si no son gigantes, ni se asocian a otros problemas, no hay que darles más vueltas. Son hallazgos casuales que muchos de nosotros también tuvimos, pero que cuando no se hacían ecografías, no se veían.

Foco cardiaco hiperecogénico

En las ecografías durante el embarazo os dicen eso y parece que el bebé tiene problemas de corazón, y vivís con gran ansiedad el embarazo a partir de ese momento. Si no tiene nada más y la exploración física es normal al nacimiento, no suele ser necesaria la valoración por cardiología. Si son múltiples, sí se suele derivar para control.

Intestino hiperecogénico

Pasa algo parecido. Este hallazgo puede deberse a muchas cosas, desde fibrosis quística hasta infecciones y enfermedades intestinales. Pero la mayoría de los bebés que lo presentan no tienen ningún problema. Por lo tanto, si todo es normal, solo hay que saber que lo tuvo.

Fractura de clavícula

Generalmente sin importancia y bastante frecuente, suele curar sola sin ningún tratamiento.

Criptorquidia

La ausencia de un testículo palpable en el escroto es totalmente diferente a la ausencia de los dos. Cuando es solo uno, lo seguirá su pediatra, y si pasados varios meses no baja, se remitirá a cirugía pediátrica. Si son los dos, debe hacerse un estudio para conocer el sexo real del recién nacido.

Lactancia materna

La lactancia materna[1] debe ser gratificante, deseada y voluntaria. El mejor alimento para vuestro bebé desde el primer día de vida es tu leche, mamá. Muchas organizaciones recomiendan que debe ser exclusiva hasta los seis meses, y posteriormente, combinada con otros alimentos, hasta que el bebé y tú queráis (no hay un límite de edad).

La leche de cada madre es única, pero va variando día a día, y tiene una serie de ventajas que otras formas de alimentación no tienen. Será la mejor alimentación si lo decidís así.

Lo más importante para poder dar el pecho es querer, saber cómo hacerlo y que os dejen hacerlo. Veréis que muchas veces fallan todos estos puntos. O solo se dice que podéis y allá vosotros, a la aventura, el instinto lo hará solo.

Cuanto antes sepáis que hay que aprender a hacerlo y que no es tan fácil como se dice en ocasiones, mejor. La madre necesitará dedicación casi exclusiva a esta tarea en los primeros días de vida.

Los beneficios de la leche materna

Es la mejor forma de alimentar a un bebé, porque se adapta a sus necesidades.

De las pocas cosas claras que existen en el mundo del cuidado de los recién nacidos, una es que a los bebés hay que alimentarlos. La otra es que la leche materna tiene beneficios, no solo para el bebé, sino también para la madre. Si das el pecho tras el parto, el útero se te contraerá mejor y tendrás menos hemorragias. Además, dar el pecho es una forma de volver antes al peso previo al embarazo. Disminuye, además, el riesgo de cáncer de mama y ovario en la madre.

Desde luego, dar el pecho favorece el vínculo con el bebé, pero el vínculo no es exclusivo de la lactancia materna.

El niño recibe con la leche algunos factores defensivos para tener menos infecciones intestinales y respiratorias. Parece que los bebés que toman leche materna tienen menos probabilidad de tener el síndrome de muerte súbita del lactante y probablemente menos tasas de obesidad.

En el caso de los prematuros, reduce los casos de una enfermedad llamada enterocolitis necrotizante, que es muy grave y afecta al intestino. La leche materna salva muchas vidas en estos bebés prematuros.

---

1. Si creéis que no le vais a dar leche materna a vuestro bebé, también deberíais leer esto.

Otras muchas ventajas que se asumen como claras no están tan definidas como se dice cuando se bucea en los estudios científicos (dermatitis atópica, alergias, diabetes, inteligencia, etc.), ya que se basan en estudios débiles, con muchos factores de confusión (lo cual no quiere decir que no sea así, pero no está tan demostrado) y solo sugieren.

Por otro lado, siempre está bien preparada, nunca se olvida, es más barata (no necesitas casi nada para darla), va variando según las necesidades del bebé, etc.

¿Podré darle leche materna?

Si quieres, sí. Claro que sí. Lo que puede suceder es que necesites apoyo para darla, que no es lo mismo. Igual que con otros temas, parece que a los demás siempre les fue bien, y a vosotros, no. Existen mamás con escasa producción de leche materna. Se suele decir que es rarísimo, pero no lo es tanto, a mi entender. En algunas enfermedades, o con algunos tratamientos, la producción de leche puede ser más limitada.

No es necesariamente una tarea fácil para todas las mujeres, ni mística, ni basada en un instinto. Muchas tenéis dificultades para colocar al bebé, os preocupáis mucho por si tenéis suficiente leche o tenéis problemas con los pezones. Es necesaria mucha paciencia y ayuda, hasta llegar a encontrar la forma que mejor funcione para vuestro bebé y vosotros. Una de las cosas más importantes para dar el pecho es que te dejen hacerlo. Necesitarás estar lo más tranquila posible, cómoda, y con tu bebé barriga con barriga, de forma que coja la areola de tu pecho, quedando el pezón y gran parte de la areola dentro de su boca. Los bebés no chupan de los pezones, si hacen eso solo tendrás grietas y problemas de enganches, cesando al final la lactancia. Los bebés masajean con su lengua la base del pecho y así extraen la leche. Lo veremos después.

La lactancia materna es cosa de, al menos, tres

Aunque hay una tendencia muy extendida a creer que todo lo relacionado con el cuidado de los bebés es asunto de mujeres, no es cierto. La lactancia materna es asunto de la mamá y la pareja, sea esta madre o padre. Todos deben ayudar a mejorar la lactancia del bebé, y todos pueden hacer cosas. Los varones no dan el pecho, eso es así, pero pueden hacer mucho, por ejemplo, conseguir que la lactancia de la madre sea placentera, o colaborar para evitar lo que la puede impedir.

¿Qué se puede hacer?

Ayudar en cualquier tarea, manejar las visitas, centrarse en el resto de los niños (algo muy importante si hay hermanos), evitar las cosas que estresen a la madre, apoyar las decisiones y desviar los consejos que incitan a dejar el pecho. Cuanto más sepa la pareja de lactancia, más podrá ayudar y apoyar a la madre.

La lactancia, igual que el embarazo y el bebé, es cosa de los tres (si hay tres). El estereotipo del padre que se desentiende de la madre y del bebé es cultural. Alejaos de las personas que crean que los padres (varones) no son parte del proceso.

¿Me tengo que preparar el pecho?

Para lo que va a llegar, el pecho se prepara solo, no hay que tener más que la higiene habitual diaria. Una ropa interior cómoda también es suficiente. No hay que endurecer ni intentar alargar los pezones. Es posible que otras madres digan que antes los médicos decían otra cosa, y es verdad. La medicina cambia constantemente, por eso hay que tener mucho cuidado con las pruebas y las evidencias, que pueden ser más débiles de lo que parecen.

Contacto precoz piel con piel

Nada más nacer deben poner al bebé encima de la madre, boca abajo, piel con piel, entre sus pechos, al menos durante la primera hora de vida. Haciendo esto, si dejan tranquilos a la madre y al bebé, la mayoría de ellos llegan a agarrarse de forma espontánea. No hay que ayudar a colocar al bebé ni hay que forzar a que tome, porque algunos de ellos no lo hacen. Además, es muy placentero para muchas mamás, continuando el vínculo que normalmente ya se ha iniciado durante el embarazo.

El contacto piel con piel no se hace por el desgastado término de la humanización, sino porque también ayuda a pasar mejor de la vida en el útero a la vida en el exterior (hay cambios en la respiración, en la circulación de la sangre, etc., que se hacen mejor encima de la madre), y los bebés están más estables.

El que el bebé se enganche en la primera hora no significa que vayas a tener más leche o más éxito en la lactancia, como frecuentemente se dice. De hecho, en la guía española del Ministerio de Sanidad sobre lactancia materna de 2017 se afirma que los estudios de calidad no encuentran diferencias en cuanto a la lactancia exclusiva al mes y a los cuatro meses entre los que se enganchan de forma precoz y los que no. Estudios observacionales de baja calidad dicen que sí puede suceder. Yo creo que hay que hacerlo por varios motivos, pero no perder el norte si en un caso concreto no se puede hacer. No es un problema insuperable.

Este contacto piel con piel es muy positivo, pero hay que hacerlo bien.

- Debéis vigilar que el bebé tenga los labios sonrosados.
- Que respira sin dificultad.
- Que no se queja.
- Que se mueve y no está hipotónico, como un muñeco.
- Si estás extenuada y no eres capaz de vigilar al bebé, debes decirlo.

Para ello, tú, mamá, deberás estar acompañada por una profesional o por la persona que hayas elegido. Si alguna de estas cosas se altera, deberéis avisar pronto para que se valore al bebé. Esto es igual de importante, o más, si estás sedada o extenuada, o si estás en un área de reanimación con tu bebé. No deberías quedarte a solas. Hablaremos más adelante del colapso neonatal.

La subida de la leche no depende tanto de la succión, sino de los cambios hormonales que ocurren tras el parto. Hay que intentar que no te presionen porque la producción de leche, en esos momentos, no va a depender de la frecuencia o precocidad de las extracciones. Hay que ayudarte a que tengas la mejor lactancia posible, con tus circunstancias y con tus deseos, no los de otras personas.

Causas por las que no se debe dar el pecho

Son muy pocas las razones médicas para no dar el pecho. Os aconsejo que si os quieren retirar la lactancia insistáis en que lo comprueben bien. Pese a todo, no queda otro remedio en las siguientes circunstancias:
- La primera, en el primer mundo, es la infección por VIH.
- Las otras son enfermedades metabólicas de los bebés, como la galactosemia, que no es muy frecuente, y que en muchos lugares se detectan con la prueba del talón. Otras enfermedades metabólicas como la fenilcetonuria necesitan fórmulas especiales, pero no la suspensión completa de la lactancia materna.
- La infección materna por el virus HTLV (virus de la leucemia humana de células T), también la contraindica.
- Si tienes lesiones de sífilis en la mama o el pezón, o tuberculosis activa, hay que considerar cada caso en concreto. En algunas circunstancias podrás extraerte leche hasta que cures.
- Si la mamá tiene un herpes en el pezón, habría que suspender el contacto directo entre las lesiones y la cara del bebé de forma temporal.
- Si la madre tiene varicela unos días antes o después del parto, hay que separarla del bebé, pero su leche sí se le puede dar.
- En otros casos, como la tuberculosis tratada o la infección por hepatitis B o C, no hay causa para no lactar si la asistencia sanitaria es correcta.

A veces a la madre y al bebé hay que separarlos, pero no debe ser una indicación para que se suspenda la lactancia materna. Se puede extraer la leche con sacaleches desde las primeras horas tras el parto, y en algunos casos, esa leche, como cuando hay un prematuro, se convierte en una pieza clave de su recuperación.

Por otras patologías, como las infecciones de orina, gastroenteritis, fiebre en estudio, etc., no hay que dejar de dar el pecho. Igual pasa con las mastitis: lo mejor es que el bebé vacíe el pecho.

Si eres consumidora de drogas, mejor que se lo digas al pediatra. No os van a juzgar. Se trata de dar la mejor atención a ambos.

¿Con esta medicación puedo dar el pecho?

Con la mayoría de los medicamentos se puede dar el pecho. En muchos de los prospectos no se da información sobre seguridad en la lactancia, pero eso no quiere decir que no puedan tomarse.

Hay medicamentos que no se pueden dar en el embarazo. Posteriormente, esta recomendación se traspasa, como si fuese lo mismo, al periodo de lactancia, cuando son cosas distintas y en muchas ocasiones se le dice a la madre que deje de dar el pecho en vez de buscar un sustituto, o de comprobar si durante la lactancia el riesgo es real.

Tenéis que pedir que comprueben si el medicamento que la madre toma, o tomará en el hospital, es compatible, y reclamar uno alternativo en caso de que pudiera afectar a la lactancia y no sea un problema para la madre, claro. Casi siempre hay una alternativa.

Existen lugares distintos[2] a los prospectos que se encargan de informar de esto. Y en algunos casos en los que la decisión es dudosa, seréis vosotros los que tengáis que decidir si hacerlo o no. Tendréis que defender vuestra lactancia si queréis darla. A veces todo gira para deciros que no por falta real de interés en mantenerla. Pero tampoco pongáis en riesgo al bebé o a ti en los raros casos en que no se pueda.

A veces una mamá necesita hacerse pruebas radiológicas, con contrastes, que en general, no impiden la lactancia materna, aunque de entrada os lo digan. En los casos más extremos, puedes seguir sacándote leche y desechándola, hasta que el efecto del contraste vaya pasando. Para pruebas como radiografías, ecografías, tomografías axiales computerizadas o resonancias magnéticas, no es necesario suspender la lactancia.

¿Cómo puedo mejorar mi lactancia materna?

Si has decidido dar el pecho, ponerte al bebé encima nada más nacer, mejorará tu percepción de la lactancia materna y podrás ver quizá un

---

2. Por ejemplo, revistas y páginas web como:
- e-lactancia.org
- LactMed, en https://toxnet.nlm.nih.gov/newtoxnet/lactmed.htm

primer agarre del bebé. Si se le deja boca abajo entre los pechos de la madre, el bebé repta poco a poco; toca el pezón, lo huele, acerca su cara al pecho; va hacia la areola y, tras varios intentos, succiona. Muchas queréis más tarde conseguir lo mismo.

No es necesario seguir ninguna dieta especial, sino una dieta sana y variada. Las madres vegetarianas estrictas deben tomar suplementos de vitamina B12 durante el embarazo y la lactancia, para evitar el déficit de esta vitamina, que puede causar alteraciones neurológicas en el niño. Si no creéis a los médicos, las propias federaciones de vegetarianos los recomiendan.

Los alimentos que tú comas pasarán en parte a la leche y acostumbrarán al bebé a conocer qué se come en casa. Solo si tras tú tomar alguna comida en elevadas cantidades, el bebé tiene de forma repetida rechazo a mamar u otros síntomas, puede que debas reducir ese consumo (esto es bastante dudoso). Si tomas mucha cafeína, es posible que el bebé esté irritable.

Deberías dejar de fumar, tú, mamá, y tu pareja, antes del embarazo, pero si no lo habéis dejado o pensáis reanudar el hábito tras el parto, volved a pensarlo. El humo del tabaco es muy perjudicial para el bebé, y si no podéis dejarlo, fumad lejos del bebé o después de las tomas. Fumar, aunque es perjudicial, no es motivo para dejar la lactancia materna, eso dicen las guías de lactancia. A mí me sorprende. Debería recomendarse dejar de fumar siempre, y no sugerir que, en el fondo, da igual. Si tanto interés hay en la salud, debería aprovecharse para recomendar activamente el cese del tabaco. Tampoco se debería fumar con lactancia artificial, porque aumenta el riesgo de muerte súbita, y de que la madre viva menos tiempo a la larga. Eso sí que es un drama vital para el bebé. Sí, el tabaco mata a la madre, de o no leche materna.

El uso de marihuana contraindica la lactancia materna.

El calostro

El calostro es leche, no es agua, y se produce desde finales del embarazo y durante los primeros días postparto. Proporciona al bebé todo lo necesario en esos primeros momentos, incluidos un mayor aporte de proteínas y de inmunoglobulinas (sustancias defensivas para el intestino). Es una sustancia amarillenta y densa, y progresivamente va pasando a otra más líquida y blanquecina, la leche de transición, y luego a leche madura. Inicialmente está en cantidad suficiente para las necesidades del bebé, por eso es tan importante que se enganche pronto y no restringir las tomas. Las cantidades son más bajas de lo que habitualmente creemos que necesita, pero son suficientes, por eso hay que darle tantas veces al día. Imagina que tuvieras sed y te ofrecieran agua con un dedal. Tendrías que tomar muchas veces. Eso es lo que pasa con el bebé el primer y segundo día de vida. Necesita comer frecuentemente.

Los primeros días, muchas madres os preocupáis porque creéis que no tenéis leche, pero sí tenéis, es el calostro. Si se ofrece el pecho de forma frecuente, a demanda, tienen suficiente con él. Además, dar el pecho en esos primeros momentos hace que el útero se te contraiga mejor y tengas menos hemorragias.

La extracción de calostro suele hacerse mejor de forma manual, como veremos después. Aprended a hacerlo, veréis cómo sale.

Al nacer, en el paritorio, chupaba bien, pero ahora...

Muchas mamás y papás os sorprendéis de que tras el momento del piel con piel, en el que el bebé está muy activo, viene otro periodo en el que está muy dormido y casi no toma nada, como si fuera un bello o bella durmiente. Esto es normal y si no hay factores de riesgo, no hay que preocuparse por el azúcar en su sangre.

¿Qué es la subida de la leche? ¿Sube o baja?

La *subida* sucede cuando el calostro va cambiando hacia leche madura, más blanca, y en mucha mayor cantidad. La mama se va preparando durante el embarazo para la producción de leche. Diferentes hormonas regulan que se fabrique y que salga de las mamas. En una zona del interior del cerebro llamada hipófisis se produce la prolactina y la oxitocina. La prolactina es la que se encarga de la formación de la leche, y la oxitocina es la que hace que se expulse y que se contraiga el útero. Muchos factores hacen que estas hormonas estén más o menos elevadas. Pero hasta que no salgan todos los restos de la placenta y las hormonas que la placenta ha dejado en el cuerpo de la madre desaparezcan, saldrá poca leche. De hecho, se produce prácticamente la misma cantidad de leche inicialmente mame o no el bebé desde el principio, pero el agarre será mucho mejor si lo hace pronto, y tomará el calostro. Por eso algunas mamás deciden tomar unas pastillas para cortar la subida de la leche, aunque nunca vayan a dar de mamar.

A partir del tercer o cuarto día aparece la famosa subida de la leche, con mayor emisión de leche, más clara, más fluida y en más cantidad. Las mamas están más calientes y a veces están dolorosas, pero si se extrae la leche con frecuencia, ya no se ven las antiguas ingurgitaciones mamarias, donde algunas señoras llegaban hasta a tener hasta fiebre y dolor con la subida. Incluso, si ha estado mamando desde el primer momento, las madres pueden no notar el aumento de la producción.

Algunos llaman subida a cuando el pecho está más lleno y *bajada* al reflejo de eyección de la leche. Desde el pezón llegan estímulos al cerebro de la madre para que se produzca oxitocina; esto hace que la mama expulse la leche, y también que se contraiga el útero. A eso se le llama la bajada, pero en algunos países es al revés como se dice. Hay mujeres que tienen este reflejo de bajada junto a una sensación de cosquilleo en el pecho solo con mirar a su bebé o al oírlo llorar, sin mediar el pezón. Incluso puedes notar varias veces en una tetada la *bajada,* pero otras no notáis esto y vuestra leche fluye igual de bien. Si no fuera por ese reflejo de eyección, difícilmente el bebé sacaría la leche por muy bien que mamara. En algunas madres es muy rápido, en otras tarda hasta algún minuto en suceder. Por eso a veces el bebé se desespera hasta que empieza a recibir la leche.

Si la madre está muy estresada, la mama se vacía peor, fijaos. Si la madre huele, toca, tiene piel con piel al bebé, la hipófisis produce más. La obesidad, la diabetes, los partos traumáticos o el estrés tienen influencia y pueden hacer que la oxitocina no haga efecto.

Si la mama se vacía, se mandan señales al cerebro para que aumente la producción de leche. Y al revés, si no se vacía el pecho o no se extrae la leche, empieza a producirse menos leche porque la señal es que no hace falta. Por lo tanto, así el bebé regula cuánto necesita, aunque tardará unos días en regularse.

Algunas madres sienten placer sexual durante el amamantamiento. Es normal, y también es normal que no lo digan mucho, ya que no se suele entender casi por nadie, y se mantiene como un tabú, pero si eres una de ellas, disfrútalo.

Si con la subida tienes dolor de la mama, dureza, calor y sensación de plenitud, puedes ponerte compresas templadas antes de la extracción de la leche, y compresas frías entre las tomas, enganchando al bebé más veces. No todo es porque haya leche retenida, sino que también es porque aumenta la cantidad de sangre en la mama. A veces están tan hinchados que el bebé no se agarra bien, lo hace del pezón y acaba produciendo problemas, por lo que si consigues extraerte, aunque sea un poco, conseguirás que el bebé te vacíe mejor el pecho. Lo veremos después en el tema de la extracción.

¿Debo estimularme el pecho para tener leche?

Aunque se dice lo contrario frecuentemente, la primera salida de leche no depende del bebé, pero sí su mantenimiento. Cuando por desgracia un bebé fallece en el parto, la madre, 2-3 días después, tiene producción de leche. Y al revés: cuando por lo que sea queda un trozo de placenta sin sacar, la madre no produce leche. En ambos casos, son las hormonas placentarias (entre otras cosas) las que no dejan que salga la leche; cuando el nivel de estas hormonas baja, o se extrae la placenta que queda, se desencadena la salida de leche.

Después de esto, para producir más leche no hay milagros: *cuanta más saques, más tendrás.* La teta habla con el cerebro y se lo dice.

Extraerse la leche

El mejor extractor de leche es el bebé, pero en ocasiones hay que extraerse la leche para guardarla o para estimular la producción. Se puede extraer con sacaleches o de forma manual.

Siempre es bueno saber cómo se hace la *extracción manual*:

• Lo primero es lavarte bien las manos.
• Luego masajearte el pecho, con movimientos circulares, oprimien-

do hacia las costillas, sin deslizar los dedos en la piel, entre tres y cinco minutos. También puedes hacer lo mismo desde la parte más externa del pecho y con dirección al pezón y, finalmente, sacudir ambos pechos suavemente, inclinándote hacia adelante.

• Después, tienes que colocar el pulgar y los dedos índice y medio formando una «C», a unos 3-4 centímetros por detrás del pezón (puede o no coincidir con la areola, depende de cómo de grande la tengas).

• Se empujan los dedos hacia atrás (hacia las costillas), sin separarlos.

• A continuación, se presionan y se ruedan los dedos comprimiendo el pecho, sin deslizarlos sobre la piel, hacia adelante, hacia el pezón. Verás cómo sale la leche.

• Hacia atrás, comprimir hacia adelante y soltar. Hay que repetir varias veces, rotando la posición de los dedos para vaciar otras partes del pecho.

• Todo esto hay que hacerlo varias veces en cada pecho, normalmente no en más de media hora.

• Hay que evitar estiramientos y presión excesiva en el pecho o en el pezón.

Para la extracción con *sacaleches* puedes usar un sacaleches manual o eléctrico. Existen diferentes tamaños de copa por lo que es importante elegir el que mejor se adapte a tu pecho. También es conveniente masajear el pecho como hemos visto antes. Ten en cuenta que la extracción no debe ser dolorosa y que el pezón no debe rozar contra las paredes del embudo durante el bombeo. Puede que al principio solo extraigas gotas, lo que no significa que sea eso lo que produces; si sigues sacándote, cada vez tendrás mayor cantidad de leche. Inicialmente, las extracciones deben ser cortas y rápidas, y cuando luego tengas más leche, aspiraciones más largas. Con un extractor eléctrico se empieza con un nivel de aspiración bajo, para ir subiendo la aspiración hasta que la leche salga, siempre sin que cause dolor. Se debe alternar ambos pechos, de forma que cuando uno de ellos de menos leche, se pasa al otro, y se continúa extrayendo, repitiendo este proceso varias veces entre los dos pechos. En ocasiones, comprimir el pecho durante la extracción consigue que el volumen que saques sea mayor. Existen sacaleches dobles, para estimular ambos pechos a la vez. También existen empresas especializadas en el alquiler de sacaleches. Infórmate en tu maternidad, en tiendas de venta de productos de bebé o en la farmacia.

¿Cada cuánto tiempo tienes que sacarte la leche?

Depende de para qué lo hagas. Al principio será suficiente cada 2-3 horas. Para *mantener la producción,* al menos cada tres horas. Ya sabes que el vaciado frecuente mantiene y aumenta la cantidad de leche que se obtiene. Por la noche no deberán pasar más de cinco horas entre las extracciones, y si tienes poca cantidad, extraerte por la noche es fundamental. Si lo que quieres es *aumentar la producción,* durante 1-2 días, tendrás que sacarte leche cada hora, con descansos nocturnos de tres horas. La duración de la extracción ya vimos que no debe ser superior a media hora, pero hay que intentar vaciar el pecho cada vez, hasta que solo salgan gotas.

Lo hagas como lo hagas, evita hacerte daño en el pecho, no es lo que se busca. Si usas sacaleches puedes terminar la extracción de forma manual. Recuerda que cuanto más te saques, más producirás. Si no estás delante del bebé, una foto o una prenda suyas pueden ayudar a que te saques más.

Pero debes saber que cualquier cantidad de leche que te extraigas, buena es. Cada mamá, al final, tiene su propio estilo de extracción.

¿La leche materna siempre es la misma?

Para nada. Los primeros días se produce calostro, y poco a poco, va pasando a leche madura. Pero, además, la leche madura varía en cada tetada. Inicialmente es más líquida y con más azúcar, con menos calorías, pero en la parte final de la tetada, es más densa y con más grasas, favoreciendo el efecto de saciado. Los bebés a los que solo se les da la leche inicial nunca quedan satisfechos al comer y tienen más problemas digestivos; y no se benefician de las grasas, muy necesarias para su desarrollo. Hay que intentar que tome la leche del final para que se sacie con las grasas, se vacíe la mama y se produzca más leche.

La postura para mamar

Si os dejan tranquilos, la mayoría de los niños saben engancharse solos. Pero el bebé tiene que estar cerca de la madre. A tres metros en una cuna no se engancha nadie, ni cuando está rodando en brazos de los primos o los compañeros de trabajo.

Hay muchas posturas para mamar, y al final, tu bebé y tú encontraréis la más correcta, sin tener que pensar en cómo colocaros.

Aun así, inicialmente es bueno saber cuáles son las posturas más recomendadas, ya que un buen agarre ayuda a que se vacíe el pecho, se produzca más leche y no haya dolor.

• Debes estar cómoda.

Eso te servirá para evitar problemas con la espalda. A veces la ayuda de algún cojín te puede servir para apoyar los brazos o la zona lumbar. No tiene que ser un cojín especial. La postura de la espalda no tiene que ser totalmente recta, ya que parece que se enganchan mejor si la madre está algo reclinada hacia atrás, pero depende de cada madre.

• No hay que acercar el pecho al bebé, sino *el bebé al pecho.*

Si acercas el pecho al bebé puede que estés dando de mamar en una posición muy incómoda.

• Prepara lo que te vaya a hacer falta.

Si estás sola, quizá es buena idea tener preparado cerca todo lo que puedas necesitar, para no tener que levantarte si no tienes nadie que te ayude. Alguna toallita por si regurgita, el mando de la televisión o la música, o un lugar cerca de un enchufe para cargar el móvil. Una botella de agua grande también puede ser muy útil, porque muchas mamás tienen mucha sed cuando dan el pecho.

• El cuerpo del bebé debe estar enfrentado y pegado al tuyo, barriga contra barriga (en la postura sentada, la más usada).

El bebé debe tocar tu pecho con la barbilla y la nariz. Introduce gran parte de la areola dentro de su boca, dejando el labio inferior hacia afuera, y que se vea más la parte de la areola por arriba que por abajo. La nariz del bebé debe estar a la altura del pezón. Los pies del bebé deben estar en la dirección del otro pecho, bajo él.

• La cabeza del bebé debe quedar apoyada en el antebrazo de la madre, no en el codo.

Desde el codo el acceso a la mama es más difícil, porque no la tiene delante.

• El bebé no tiene que tener el cuello torcido ni muy doblado para poder comer bien. Debe estar alineado con su cuerpo.

Imagina que tienes que beber con la cabeza girada, ¿a que es más complicado? Ahora imagina que tienes que beber con tu propia barbilla tocándote el pecho… tampoco puedes. Piensa en una línea recta entre la nariz, la barbilla y el ombligo del bebé.

• El bebé no debe estar boca arriba, como veis a los que toman biberón, ni apoyado sobre el codo; debe estar enfrentado a la madre, barriga contra barriga y con la cabeza en el antebrazo, para que tenga cerca el pezón y, por tanto, pueda coger la mama.

• El bebé no debe chupar el pezón.

Los recién nacidos no chupan el pezón, comprimen con la lengua la mama contra su paladar. Para ello, primero suele cabecear, buscando el pezón, hasta que se agarra. No te agobies ni intentes meterle el pezón en la boca. Espera a que abra mucho la boca y en ese momento, acércalo a tu pecho. Quedará con la cabeza ligeramente hacia atrás.

Si está bien agarrado sus mejillas no se hundirán. El bebé debe masajear por abajo la mama con su lengua, por eso es tan importante que se meta mucha mama en la boca, no solo el pezón.

Cuando el bebé succiona bien en una postura correcta, no duele. Inicialmente hace succiones rápidas y luego más lentas y profundas. Poco a poco se va relajando y al final el bebé suelta el pezón.

• La nariz y la barbilla del bebé tocan el pecho, no se va a ahogar por ello.

Las posturas más comunes son:

• **Posición de crianza biológica.**

La madre recostada boca arriba con el bebé boca bajo, poniéndole las manos de la madre como límite, para que repte y encuentre él solo el pecho. Es muy útil en los primeros días, y no es necesario tener al bebé cogido en peso, ya que se apoya sobre tu abdomen, por lo que es más fácil relajarse y disfrutar.

• **Posición sentada.**

Es la más frecuente. Con el bebé pegado barriga con barriga a la mamá, la madre sujeta con un brazo del mismo lado del pecho que va a dar al bebé, apoyando la cabeza del bebé en el antebrazo, no en el codo, acercando al bebé al pecho. No es necesario sujetar más partes del bebé, no hay que sujetarles el culito, sino la espalda. Deja que él se agarre. Esta postura, que es la más frecuente, a veces funciona mejor cuando el bebé ya hace bien las tomas.

• **Posición acostada**.

La madre de lado y el bebé también, con ambos cuerpos enfrentados y pegados. La cabeza del bebé no tiene que estar sobre tu brazo y menos sobre una almohada. La nariz del bebé debe estar a la altura del pezón. La madre puede acercar un poco la cabeza del bebé al pecho cuando abra la boca.

• **Posición invertida o en balón de rugby.**
Se coloca al bebé como se lleva a un balón de rugby. Se mete al bebé por debajo de la axila de la madre, con los pies hacia atrás, de forma que la cara del bebé queda junto al pecho, mientras sujetas el cuerpo y la cabeza con el mismo antebrazo y mano de ese lado. Es más fácil si apoyas tu brazo en un cojín o almohada. Es una postura muy útil para dar el pecho a dos bebés a la vez, cuando las mamas son muy grandes o para evitar el contacto con la cicatriz de la cesárea.

• **Posición del caballito.**
Se coloca al bebé a horcajadas sobre el muslo de la madre, pegado a su cuerpo. Con una mano lo puedes sujetar por el cuello y los hombros y con la otra le puedes ofrecer el pecho en bandeja.
Si el bebé no se agarra de forma espontánea, se puede *dirigir el agarre,* cogiendo el pecho con una mano como si fuera un sándwich, haciendo que el pecho tenga forma ovalada. Con los dedos en forma de «C», con el pulgar detrás de la areola y los otros cuatro dedos debajo, en el mismo sentido que los labios del bebé, dejando libre la areola. De esta forma, le das al pecho una forma parecida a la boca del bebé. Cuando abra la boca, lo puedes acercar al pezón. Puedes estimularle para que abra la boca tocando su labio superior con el pezón. También le puedes tocar la mejilla suavemente para que busque el pezón (reflejo de búsqueda).

• **¿Qué postura es mejor?**
La que mejor os venga a vosotros, no la que diga un libro, ni siquiera este. Si cambias las posturas favoreces el drenaje de toda la mama. Cuando el bebé sea más grande, mamará desde casi cualquier postura que le pongas. Ya verás.

¿Cómo sé que tiene una buena postura y se agarra bien?

El bebé no se engancha como una conexión USB, no podemos ver que se está cargando de forma correcta. Pero sí podemos deducirlo con las siguientes pistas:

• Debes estar relajada y cómoda.

• El bebé tiene que estar en línea recta, sin que su cabeza y su cuerpo estén desalineados.

• El bebé debe estar mirando al pecho y en contacto con tu abdomen, muy cerca de ti, sujetándolo entero con un brazo (en la posición sentada).

• La barbilla y la nariz del bebé están contra tu pecho y puede respirar, los labios están hacia afuera, especialmente el inferior, y coge gran parte de la areola, con la boca bien abierta, de forma que toma más parte de la areola por debajo del pezón que por encima.

• La cabeza la tiene ligeramente deflexionada hacia atrás.

• No debe doler ni provocarte grietas, ni hundir las mejillas, ni escucharse chasquidos.

• Las mejillas deben estar llenas y redondas mientras mama.

• Hace tomas lentas y profundas y también hace pausas.

• A medida que el niño mama, el pecho se va ablandando.

• Es normal que salga leche también del otro pecho.

• Al final de la toma, el bebé debe soltarse por sí mismo.

• No duele.

• Las tomas no deben ser continuas. Un bebé que mama bien mama muchas veces, pero también tiene periodos en los que no mama.

• Finalmente, esto se traducirá, pasados los primeros 3-5 días de vida, en que el bebé empezará a ganar peso.

Si algo de lo anterior no sucede (duele, se escuchan chasquidos, etc.), métele un dedo por un lateral de la boca para romper el vacío, saca el pecho y vuelve a intentarlo. A veces el bebé necesita varios intentos hasta que el agarre es bueno.

¿No se ahogará mientras mama?

No, tiene que estar con la barbilla y la nariz contra tu pecho, y así puede respirar. Si no pudiese, él mismo se retiraría. No hay que hacer un hueco con los dedos en el pecho de la madre para que el bebé respire.

¿Qué tengo que tomar para tener más y mejor leche?

No tienes que tomar nada. Todos te van a aconsejar infinidad de productos, pero no hace falta ninguno. Aunque mucha gente tome pastillas para la lactancia, muy conocidas, no hacen falta. La leche se producirá con una composición adecuada siguiendo una dieta variada. Y si el pecho se vacía con frecuencia, que es el factor más importante. Algunas madres tienen mucha sed durante la lactancia, ¡qué mejor que beber agua si una tiene sed!

¿Cada cuánto tiempo hay que dar el pecho?

A lo mejor has escuchado que el pecho hay que darlo cada diez minutos y cosas así, y que si el bebé pide muchas veces al día es que algo va mal.

• **Olvídate del reloj.**

No, el pecho se da **a demanda.** Eso significa que es cuando el bebé quiera, no cuando lo diga nadie, por lo menos durante los primeros meses de vida. A su ritmo, y durante el tiempo que necesite.

Eso lo dicen todos, pero luego cada uno entiende una cosa diferente sobre el término. A demanda es cuando el bebé quiera, no como pasa a veces, que es a demanda cada tres horas. El propio niño irá regulando sus necesidades y adoptará su ritmo. No os pongáis horarios si no queréis tener problemas. Vuestras personas cercanas puede que protesten por la tiranía del bebé, pero tendréis que lidiar con esos mensajes.

El tema es que ese cuándo quiere depende de si se reconocen esas llamadas a mamar. Para ello es muy importante que tú, mamá, estés cerca del bebé. Es la madre la que decide cuándo un bebé quiere teta, por tanto, la demanda es lo que interprete la madre o su entorno… A veces, por el uso del chupete, puede que la demanda pase más desapercibida.

Cuando no quiere más, el bebé suelta el pecho espontáneamente, no hay que quitarlo. Haciéndolo así, se regula la producción de leche que el bebé necesita, y se permite que tome la leche de toda la tetada, ya que la composición de la leche al principio es diferente a la del final (con más grasas, más saciante). Hay bebés que comen cada veinte minutos y otros tras varias horas; en ambos casos puede ser completamente normal. También habrá días que pida muchísimo más y luego vuelva al ritmo anterior. También los mayores comemos cantidades distintas según el día. Eso es muy habitual. Ya sabéis que la normalidad es muy amplia. Con el tiempo, los bebés sacan más cantidad de leche en menos tiempo, lo que no significa por sí mismo que tengas menos leche.

Para que todo esto suceda hay que saber una cosa: el bebé come cuando él quiere, y si hay que darle en la calle, se le da. Si hay que darle en una tienda, se le da. Si hay que darle en un museo, se le da. Si es de noche, se le da. Si es de día, se le da. Esa es la lactancia a demanda, y la sociedad a veces no lo entiende. No se malacostumbra a ningún bebé por darle cuando quiere, eso es una tontería. Hay que concienciarse con eso, nada más.

Si os ponen horarios para dar la teta, mal asunto. Si se llevan al bebé a un nido y os dicen que os lo traerán para la toma, mal asunto. Se intenta adoctrinar a los bebés para que se adapten a nuestros horarios, y lo normal es todo lo contrario, nosotros adaptarnos a los suyos. Nuestro ritmo de vida está influenciado por el lo quiero ya, pero para dar el pecho hay que tomárselo con calma. El tema de las rutinas es algo que los pediatras, algunos, intentan siempre imponeros a los padres. Y en este tema, significa el abandono precoz del pecho, debido a que el bebé se desespera, las mamas se ingurgitan y surgen los problemas, entrando la leche artificial en juego cuando lo más probable es que no fuera necesaria… especialmente si la madre no quería darla.

¿Cómo sé que el bebé quiere teta?

Las señales de hambre o de necesidad de consuelo no son solo el llanto del bebé; esa es una señal muy tardía, y que hace que a veces cueste mucho que se enganche bien, teniendo que calmarlo previamente para conseguirlo. Se enfadan tanto que darles el pecho así es una odisea. Antes del llanto, el bebé hace gestos que indican que quiere el pecho.

• Mueve la cabeza de un lado a otro.
• Abre la boca, saca la lengua.
• Se lleva las manos a la boca, cierra los labios como si estuviera succionando, restriega la boca contra el pecho de la mamá, etc.
• Al final, acaba llorando.

Tenéis que aprender a reconocer esos gestos, por eso es importante la tranquilidad para conocer y entender a vuestro bebé. El uso del chupete puede hacer que no descubráis estos signos.

¿Le ofrezco una teta o dos cada vez?

Pues es variable. Algunos profesionales dicen que hay que ofrecer los dos pechos en cada tetada, alternando con el que se empieza en cada vez, y otros, que se debe dar un pecho, y a la siguiente toma, el otro.

Lo que es cierto es que la leche del final de la tetada es distinta a la inicial, y esa, la del final, la debe tomar. No se debe quitar de un pecho hasta que el bebé no se aparte de él. Debéis llegar a un acuerdo el bebé y tú. Si por lo que sea tienes que quitarle el pecho de la boca, mete antes un dedo en su boca para que no tire del pezón al salir y te lastime.

No me aguanta tres horas

Puede que el bebé pida pecho por otros motivos, que no sea solo por hambre, sino por consuelo, por sed, etc. Además, en cada toma, puede ingerir diferentes cantidades de leche, y pedir en función de su sensación de hambre. Retrasar el tiempo hasta ponerlo al pecho no tiene ningún sentido. El bebé no tiene que aguantar ningún horario si tiene la necesidad de alimentarse, de sed o de que lo cojan. No le pongas horarios a lo que debes hacer. Que no os restrinjan el derecho a alimentar o consolar a vuestro bebé en ningún sitio. Un bebé alimentado al pecho come entre 8 y 12-14 veces al día, y su leche se digiere más fácilmente que los que toman leche artificial, por lo que frecuentemente tienen antes sensación de hambre, es lo habitual. No tiene que aguantar nada.

¿Es normal que coma todo el rato?

Hay bebés que toman doce veces al día, y otros más y no significa nada si se siente satisfecho, gana peso pasados los primeros días, moja varios pañales, etc. A medida que tengas mayor producción, pedirá con menos frecuencia. Cada bebé es diferente, aunque intentemos encasillarlos. El que más te importa es el tuyo.

Unos toman de forma enérgica, son unos hambrones; otros más débilmente, algunos eructan, otros no. Algunos agrupan varias tomas seguidas y luego están varias horas sin pedir. Lo que es cierto es que cuando no quieren más, suelen soltar ellos mismos la mama.

Los bebés que están todo el día tomando, sin espaciar las tomas, pasados los días, puede que tengan algún problema, para ello es recomendable revisar si la técnica es correcta. Pero ya sabéis que no solo están al pecho para alimentarse, muchas veces solo buscan el placer de mamar.

¿Se le puede dar agua o manzanilla al bebé?

Por poder, se le puede dar lo que uno quiera. Los pobres bebés no eligen. Pero no se les *debe* dar ni agua ni manzanilla a los bebés ni ninguna otra cosa que no sea leche materna o suplementos de leche si hay indicación médica, o leche artificial si das lactancia mixta. Menos aún cosas peregrinas: zumos, suplementos de vitaminas, preparados misteriosos...

La respuesta al agua y la manzanilla es no.

¿Podré seguir dándole el pecho si estoy enferma?

Si necesitas seguir ingresada tras el parto, o vuelves a ingresar por otra causa, pueden plantearte que dejes el pecho, especialmente si ingresas en zonas del hospital donde no suele haber recién nacidos. El ser médica o enfermera no implica que se sepa algo sobre lactancia materna. Os lo aviso. Esto no va de sexo.

Tenéis derecho a que vuestro bebé esté con vosotros siempre que sea seguro para él, y seguir dándole el pecho, si es lo que quieres. Esto debería ser así independientemente de la edad del niño, no solo si es un lactante pequeño. Por ello, os deberían facilitar el ingreso conjunto madre-bebé, incluso en la zona cercana a la maternidad o en obstetricia. Pero la realidad es que muchas veces los mensajes de que el bebé no puede estar con la madre son muy frecuentes, intentando convenceros de que el hospital es peligroso para un bebé. Y eso que casi siempre ha nacido en uno, no será tan peligroso, por tanto. La pareja, si la madre precisa más ayuda, debe ser clave para no sobrecargar al personal, y ayudar todo lo que pueda en el cuidado del bebé.

¿Cómo conservar la leche materna?

En ocasiones es necesario conservar la leche materna, bien porque va a existir una separación del bebé, porque el bebé no puede tomarla en casos médicos indicados o porque se quiere conservar para donar a un banco de leche.

Según el tipo de leche y donde se almacene, esa leche durará más o menos. La leche materna tiene bacterias, que pueden crecer y crecer si no se tiene cuidado con el tiempo que ha pasado desde la extracción ni el lugar donde se guarda.

El calostro a **temperatura ambiente** puede estar hasta doce horas; la leche madura, según a qué temperatura ambiental estemos.

• En días muy calurosos, con más de 30°, unas cuatro horas a esa temperatura.

• A unos 25°, unas seis horas.

• A 20°, unas diez horas.

• Con 15°, unas veinticuatro horas.

Lo ideal es que, si os ha sobrado leche, la tiréis. Pero si esa misma leche se guarda **refrigerada,** dura más.

• En nevera entre 0 y 4°, puede usarse durante ocho días.

Si la leche se **congela,** dura más

• Si usamos el congelador del propio frigorífico, unas dos semanas.

• Si es un congelador de la nevera pero separado por otra puerta, unos 3-4 meses.

• Si es un arcón con temperaturas constantes menores de -19°, más de seis meses.

Si dejáis leche en la nevera sin congelar, que sabéis que puede estar hasta ocho días, deberíais congelarla pronto, como muy tarde antes de 48 horas. Pasados esos dos días, la leche que hay en la nevera se puede dar al bebé, pero no se debería congelar. Es mejor poner la leche al fondo del frigorífico, y no en la puerta, que es donde más cambios de temperatura suele haber.

Si sabes que la leche que te estás extrayendo va a acabar congelada, hazlo lo antes posible, y si estás lejos de casa, guárdala en frío, con bolsas refrigeradoras.

Para manipular esa leche, es importante lavarse las manos, pero no hay que lavarse el pecho ni nada por el estilo. Tampoco es bueno que toques la parte interior del recipiente donde guardes la leche.

¿Cuánto guardo?

Se debe guardar una cantidad útil de leche en cada envase. Me refiero a que guardéis dosis que sean utilizables, ni muy grandes, ni muy pequeñas, en torno a 60-120 mililitros, y que le pongáis una etiqueta con la fecha para ir utilizando los envases más antiguos. Una práctica que no es aconsejable es rellenar un bote de leche ya enfriada con leche recién extraída.

¿Dónde guardar la leche?

No vale cualquier sitio, tienen que ser envases para uso alimentario, siendo los mejores los recipientes duros de plástico o cristal, y que se cierren con tapa dura, ya que conservan mejor algunos componentes de la leche. También hay bolsas de plástico, que son más baratas, aunque se derrama más leche. Deberían evitarse los plásticos que contengan bisfenol A. Cuando se congela la leche, suele aumentar un poco de volumen, por eso, no llenéis el bote hasta el borde, para no tener problemas porque se pueda romper.

No hay que esterilizarlos, sino lavarlos con agua caliente y jabón y dejarlos secar, o en el lavavajillas.

¿Cómo se descongela?

Lo más importante es que uses leche fresca si la tienes, no utilizar la congelada. Pero si vas a usar estas reservas, se puede descongelar de varias formas. Si la sacas el día de antes a la nevera, se irá descongelando lentamente. En esto juega bastante vuestra capacidad de previsión. También podéis poner el bote en un cazo con agua tibia o bajo un chorro de agua tibia, pero no hay que hacer que la leche hierva.

Para descongelar no es aconsejable el microondas porque puede provocar quemaduras al calentar la leche de forma irregular y pierde propiedades, aunque, siendo sinceros, se usa muchísimo. Si lo hacéis, agitad la leche después para que se distribuya el calor. Es posible que el envase parezca menos caliente que la leche de su interior y que el bebé se queme.

La leche descongelada tiene un aspecto formado por capas, no os alarméis, por eso debéis removerla bien para que se mezclen otra vez las fases en las que se ha separado. Se puede mezclar leche descongelada de distintas fechas.

La temperatura a la que se da la leche es muy variable. Se puede dar fría. Se puede dar caliente. También a temperatura ambiente. Elegid y comprobad con unas gotas en vuestra muñeca qué temperatura tiene la leche antes de dársela al bebé. Si tenéis duda de si quema o no, mejor dársela más fría.

¿Qué pasa si sobra leche descongelada?

Pues que puede guardarse veinticuatro horas en la nevera, salvo que haya sido calentada o la saliva del bebé la haya tocado. Si está a temperatura ambiente, unas cuatro horas. En ningún caso debe volver a congelarse. La leche que se da en una toma, pero que sobre, debe desecharse. Por eso lo de guardarla en cantidades asumibles.

La leche puede oler mal al descongelarla

Hay una sustancia en la leche que degrada las grasas y le da ese olor. Esto puede hacer que el bebé no quiera tomarla. La única solución es congelar la leche rápidamente tras la extracción.

¿Le doy mi leche o aprovecho que tengo congelada?

Siempre debéis dar la leche fresca, que es la que conserva más propiedades. Luego, la refrigerada, y como último recurso, la congelada.

¿Cómo se la doy?

Hay muchas formas: biberón, cucharita, con un dedo acoplado a una sonda, con una jeringa, un vaso, etc. Tenéis que buscar la que mejor os vaya a vosotros; alejaos de sectarismos. El biberón no es el enemigo.

¿Tengo suficiente leche? ¿Se alimenta bien?

Es la duda más frecuente de las madres. Casi todas *creéis que no producís suficiente.*

Os van a insistir en que no, que no tenéis, pero no os dejéis convencer a las primeras insinuaciones. La producción de leche sigue la ley de la oferta y la demanda: una vez que ya se ha producido la subida, cuanto más se saca, más se produce. Al principio sale menos, pero luego las cantidades son cada vez mayores. Los bebés toman muy frecuentemente, y eso no es síntoma de no tener leche. Además, el primer y segundo día orinan muy poco, tomen lo que tomen. Posteriormente, ya orinan en función de los líquidos que ingieren, mojando a partir del tercer día al menos tres pañales y, posteriormente, más de cinco al día.

La cantidad de leche la regula la succión del bebé. Si pasados 4-5 días el bebé empieza a ganar peso, toma 8-12-14 veces al día, deja el pecho más blando, orina varias veces al día, y de un color claro, tiene deposiciones y está tranquilo y relajado tras la toma, puedes estar tranquila. Si a la primera de cambio le dais fórmula artificial porque tenéis dudas, el bebé sacará menos y el pecho producirá menos, haciendo que esa ayuda a la larga no sea tal.

Para lograr esto, como ya hemos dicho, es fundamental dar el pecho a demanda, antes de que el bebé esté llorando, ansioso y con un enganche deficiente. También es buena señal que no duela al hacerlo. A veces mama poco porque se cansa si el agarre no es bueno. Tampoco podrá mamar mucho si no te lo pones cerca de ti frecuentemente.

Si tienes baja producción de leche, ponte más al bebé, al menos cada dos horas o antes, frecuentemente, durante varios días, y termina de vaciar los pechos con un sacaleches si el bebé no lo hace, no dejando pasar más de cinco horas por la noche sin vaciarlos.

El estrés no ayuda a que tu cuerpo produzca leche. Piensa en ti, piensa en el bebé, delega cosas en tus amigos y familiares, trata de no anticipar problemas ficticios.

Sé amable contigo misma.

Si tenéis problemas, pedid ayuda.

¿Hay que despertarle para comer?

En esto, como en muchos temas, hay diferentes opiniones, no existe una respuesta clara. A los recién nacidos que no tengan problemas médicos no hay que despertarles ya que su patrón de alimentación hace que pidan espontáneamente cada 3-4 horas. Es cierto que hay algunos bebés que piden cada más tiempo, pero si durante el día han tomado bien, realizan varias micciones y deposiciones y están vitales, no hay que despertarles. Eso sí, hay que estar pendientes de sus reacciones, no esperar a que lloren para darles.

Esto va a ser complicado que lo cumpláis. La mayoría de los padres despertáis a los bebés que piden poco en los primeros días, hasta que veis que ya ganan peso. Para ello es fundamental tener al bebé cerca, reconociendo los signos de hambre. Luego, cada bebé es diferente, y si le has dado de mamar durante todo el día de forma regular, y tiene un periodo más prolongado en el que no pide, pues es lo normal. El ritmo de la comida de vuestro bebé es el que vosotros iréis descubriendo cuando la lactancia esté bien instaurada. A veces agrupan mucho las tomas y luego las espacian.

¿Hay que darle suplementos?

Un suplemento es un aporte extra de leche, que puede ser de la propia leche materna, leche donada o leche artificial. La inmensa mayoría de los bebés no precisan ningún suplemento, ya que la leche materna directa del pecho es suficiente.

Muchas veces tendréis dudas sobre si en los primeros días necesita más leche que el calostro. Digo dudas por ser suave, porque os van a decir directamente que el bebé no está comiendo nada, que lo vais a matar de hambre.

Evidentemente, si no ponéis al bebé al pecho casi nunca, me temo que serán más que necesarios y quizás sea cierto que el bebé lo está pasando mal. Los suplementos salvan vidas y lactancias en ocasiones, si están bien indicados. Sé que esto no se dice, hay mucho postureo. Concienciarse de que mamará muy frecuentemente al principio, es el primer paso para no tener que emplearlos.

Cuantos más suplementos deis porque sí, más fácil es que la lactancia materna dure poco, ya que la estimulación del pecho es clave para mantener la producción de leche una vez que ha sucedido la subida de la leche. Por tanto, los suplementos mal indicados, más que ayudar, acaban por dificultar la lactancia materna.

Pero no todo es blanco o negro, el mundo es una escala de colores. Hay ocasiones en que los suplementos son necesarios desde el punto de vista médico. Si el bebé es prematuro, o tiene poca fuerza para succionar, o tiene una pérdida de peso mayor del 10% a pesar de mejorar la técnica de lactancia, o tiene riesgo de hipoglucemia, y además presenta cifras de hipoglucemia que no mejoran aumentando la frecuencia de las tomas, pueden ser necesarios suplementos.

Del mismo modo, a veces, bebés de 6-7 días vuelven a consultas con deshidrataciones importantes; seguir haciendo lo que se estuviese haciendo hasta ese momento no es la mejor solución, porque es lo que llevó al bebé a ese problema. En esos casos a veces son necesarios los suplementos, junto a corregir la técnica de la lactancia e investigar si se pueden mejorar sus variados aspectos, pero asegurando una ingesta adecuada.

Se puede dar el suplemento de diferentes formas, en la maternidad os las pueden ofrecer. Desde vasito o cucharilla, a relactadores (usar una sonda que se pega al pecho para que el bebé succione de la teta y de la sonda a la vez). Yo los relactadores no termino de verlos, pero si os van bien, adelante.

Los suplementos se dan con menos frecuencia si se conocen los beneficios de la lactancia y si se dan las herramientas adecuadas para que sea satisfactoria. Ya sabes, cuanto más chupe, más leche producirás.

Algunos bebés, cercanos ya al mes de vida, tienen una crisis de lactancia y piden mucho más de lo que hacían el día de antes. Esto lleva a creer que el problema es que la mamá se ha quedado sin leche y, en muchos casos, a abandonar la lactancia. Nada de eso, en los días siguientes, el pecho habrá aumentado su producción. Si esto no pasa, pide ayuda. Estas crisis de lactancia se sucederán varias veces en los siguientes meses.

Si existen dudas en cuanto a la producción real de leche, pide ayuda. Dar biberones solo porque «así veo lo que toma», es peor a la larga si quieres dar el pecho. Mejora la técnica, extráete más, descansa, intenta que no te estresen, etc. A veces, el bebé toma el suplemento, está menos irritable y te sacas leche mejor, pudiendo, al final, olvidarte de los suplementos.

Pero *no es ningún orgullo aguantar sin dar suplementos si el bebé los necesita.* A veces pueden pasar cosas desagradables. La lactancia materna no debería ser un objetivo en sí mismo, sino alimentar al bebé y disfrutar de esta etapa. El biberón, si se hacen más cosas, o se mejoran las que se hacían, puedes volver a dejarlo.

Si hay que dar suplementos de leche que no sea de la madre, lo mejor es dar fórmula artificial, que para algo está muy controlada. He conocido madres que hacían por sí misma una mezcla de sustancias a la que llamaban leche con tal de no dar leche adaptada de farmacia. Una locura. La leche artificial no es un veneno, y de las preparaciones caseras no puedo decir lo mismo.

Si el tema es que quieres darle suplementos porque así lo decidís, os deben respetar.

¿Cuánto peso debe ganar?

¿Cuánto peso debe ganar a la semana? ¿No os he dicho que estéis tranquilos?

Si toma con frecuencia, el bebé está vital, tiene buen color y moja los pañales varias veces al día, tienes leche suficiente. Prácticamente todos los bebés alimentados al pecho ganan peso y crecen bien.

Si la orina es oscura y cada vez hace menos micciones y deposiciones, es posible que necesite valoración.

Existen madres con baja producción láctea, pero son las menos. La mayoría de las madres que dicen que no tienen leche son mamás que no consiguen mantener la producción, porque no han sido informadas correctamente o no han podido solucionar sus problemas, porque no les deja el entorno o porque no están convencidas de esa forma de alimentación... pero no lo dicen. En otras situaciones es porque no quieren dar el pecho, lo saben y lo hacen, a mí es la que más me gusta, porque tiene fácil solución para el bebé.

Cuanto antes se encuentre la causa, mejor para vosotros y vuestro bebé.

¿Por qué puede que no esté ganando peso?

Si el recién nacido, pasados los 4-5 primeros días, no aumenta de peso, orina menos de cuatro veces al día o está irritable, puede que le falte alimento.

La mayoría de las veces sucede porque no realiza un agarre adecuado al pecho, esto, además de no alimentarle bien, hace que el pecho cada vez produzca menos. Para ello, como ya lo vimos en páginas anteriores, la posición es fundamental: barriga con barriga, con la boca abierta y los labios hacia afuera, abarcando gran parte de la areola, no chupando el pezón.

Además, se forman grietas y el círculo vicioso para dejar el pecho se cierra. Si además el bebé está lejos de la madre o las visitas no dejan que te pongas cómoda, o estás estresada, la producción será insuficiente. Otras veces es por no ofrecerle suficientes tomas, por el equivocado concepto de aguantar. En otras ocasiones, no se acepta el hecho de tener que dar de forma tan frecuente y el no poder hacer casi nada más las primeras semanas. Es así.

Pueden existir motivos del bebé, pero son poco frecuentes, a no ser que le echen la culpa a alguna cabeza de turco (por ejemplo, a todos los frenillos), o a que el bebé no quiere. En mi experiencia, cuando dicen que el bebé no quiere, los que no suelen querer son los padres.

Si estás más con él, en contacto todo el rato, y tras las tomas sigues sacándote leche, producirás más.

El bebé tarda mucho en mamar

Los recién nacidos emplean más tiempo en comer que lo que usarán después, pero eso no significa que el que acabe más rápido en las semanas siguientes sea porque no tienes leche, sino porque es más eficaz, saca lo que necesita en menos tiempo. También depende de si la postura es correcta o de si el bebé se distrae, por ejemplo. Si la toma dura más de una hora habrá que investigar si la técnica es adecuada o el bebé tiene algún problema anatómico que le impida mamar bien. En ocasiones, el bebé necesita que lo estimulen un poco (por ejemplo, cambiarle el pañal, hacerle cosquillas en la planta de los pies, etc.) para que termine de tomar el pecho o tome el otro pecho también.

Dar el pecho duele, es lo que hay

No, no es así. Dar el pecho no debe doler. Puede que moleste un poco al principio, pero no que duela. No te dan un premio por sufrir. El dolor no te hace mejor (aunque el sufrimiento se valora mucho en nuestra cultura), es solo una alerta del cuerpo de que algo no va bien. La lactancia materna no debe ser un sacrificio físico ni psicológico. Si tu postura es cómoda y la posición del bebé es correcta, no debe doler. Si sucede, hay que buscar ayuda, cuanto antes. Mamar no debe doler.

Pezones planos, invertidos, grandes...

Con los pezones planos o invertidos se puede dar el pecho igual de bien, porque el bebé no succiona los pezones. No debería. El tamaño y la forma del pecho y de los pezones no tiene por qué ser un motivo de preocupación, a menos que tu bebé tenga dificultades para hacer un agarre adecuado.

Es más importante que el bebé coja bien dentro de la boca la aréola, mucha más que la forma del pezón. En caso de tener problemas, los profesionales te ayudarán a encontrar una postura cómoda que favorezca el agarre. Puedes facilitar el agarre si antes de la toma estimulas manualmente el pezón para que sobresalga un poco más. El contacto piel con piel y el agarre dirigido pueden ayudarte, así como tocar el pezón con agua fría justo antes de la toma. Las pezoneras pueden resultarte útiles si con las medidas anteriores el bebé no consigue un buen agarre. Maniobras antiguas de estiramientos del pezón durante el embarazo no son recomendables a día de hoy. Algunos usan una jeringa cortada para hacer el vacío en el pezón y que sobresalga. No termino de verlo. El pezón no se chupa.

Si tus pezones son grandes para la boca del bebé, hasta que el bebé crezca y consiga un agarre adecuado al pecho, puede ser necesario que te extraigas la leche con sacaleches y se la des. Con pezoneras puede que lo consigas, pero después deberás terminar de vaciarte el pecho manualmente para que la producción no se interrumpa. Si solo agarra el pezón, con pezoneras es difícil que te vacíe el pecho.

Las incitaciones a dejar el pecho

Si estáis bien informados y queréis dar el pecho a vuestro bebé, enhorabuena. Pero sabed también que el universo conspirará para que cambiéis de opinión, la mayoría de las veces por los consejos de vuestras personas más cercanas, que son expertos en lactancia y no valorarán nunca bien lo que hagáis. Sea lo que sea.

A veces, en los medios de comunicación, saltan noticias de lugares donde no se deja lactar en público, esto ya de por sí es una incitación a que dejes de dar el pecho, por lo que te pudiesen decir; o tener que decidir entre no tener una vida social o renunciar a la lactancia materna. En otras ocasiones son los sanitarios los que os dirán de forma velada que la teta no es buena: desde no ganar el peso que creen adecuado, a creer que si pide mucho es porque no le alimenta, o aconsejar que duerma en otra habitación, que aguanten tres horas, que le deis manzanilla, que no lo cojáis, que se acostumbran, etc.

Hay múltiples mensajes para que la madre deje de dar el pecho: desde que el bebé toma mucho (le debe faltar), a que toma poco (por eso pierde peso); a que llora mucho (le debe faltar), a que llora poco (tendrá hipoglucemia); a que no gana peso o que tiene un percentil bajo (que no significa nada); a que está todo el día enganchado y se malcría, que la leche materna es como el agua, especialmente a partir de los seis meses (cosa que es totalmente falsa); a que ante cualquier medicamento la madre debe dejar el pecho; a que si la teta es pequeña tienes poca leche; a que la abuela no tuvo leche y tú tampoco la tendrás (obligando a cumplir otra vez ese destino como una maldición); a que si tal o cual tuvo tal problema (otras de las historias terroríficas que se cuentan); a que si hay que poner un horario para las tomas; a que hay que darle otras cosas a partir de los cuatro meses; que además hay que darle agua; a que toma teta por vicio (se entiende que por vicio del bebé), etc.

En todos los casos deberíais agradecer esos consejos, pero solo seguir lo que vosotros, informados, hayáis decidido.

Las mamás y papás podéis dejar la lactancia solo por comentarios así. Pensaréis en dejar de darle el pecho si no tenéis un buen apoyo. Estáis en un momento vulnerable y queréis lo mejor para vuestra criatura.

Es muy raro que un buen profesional os ofrezca un suplemento de leche y que además no os insista en que sigáis dándole tomas al pecho al mismo tiempo, mejorando lo que estabais haciendo previamente.

En muchas ocasiones, las abuelas están menos habituadas a la lactancia materna que las bisabuelas o las madres actuales. Frecuentemente demandan que analicen la leche de la madre, en un claro ejemplo de tener que demostrar que es buena.

Los medicamentos, como vimos antes, casi nunca son el problema, si se pone interés en buscar las verdaderas recomendaciones o las posibles alternativas.

El pecho como órgano sexual

El pecho tiene un marcado componente sexual en nuestra cultura, pero en otras es considerado más como fuente de alimento. Lactar en público no debe ser un problema de obscenidad sexual, aunque se vive como una situación ambigua ya que se aconseja «ser discretas», según muchas guías; las mamás estáis presionadas por mensajes ambivalentes. Amamantar forma parte de los comportamientos normales de los seres humanos. Aún se encuentran guías, en pleno siglo XXI, donde se dice que si una madre amamanta será menos atractiva para su pareja, y otras donde se afirma que las mamas se deforman por dar el pecho, cuando no parece que eso sea verdad. He conocido a algunos papás que se quejaban de que ahora tenían que compartir el pecho con el bebé. No debería dejarse la lactancia por un componente erótico, al menos en mi opinión.

No hay nada más bonito que ver a tu pareja dando el pecho a vuestro bebé.

Chupete, tetinas y confusión del pezón

Se aconseja que el bebé no use chupete hasta el mes de vida para no interferir con la lactancia, porque se puede confundir, igual que si se les da tetinas. Algunos estudios dicen que solo los primeros quince días. Incluso la OMS lo dice, aunque también dice que no hay pruebas de que esto suceda, cosa que deja ver un poco qué hay detrás de las recomendaciones. Yo creo que más que el bebé, se confunden los padres, al no reconocer las demandas del bebé para tomar el pecho. No es el bebé el que se confunde.

Si se usan, que sean homologados, que no se les desprendan partes y si llevan un cordón, que sea corto, para que el bebé no pueda asfixiarse con él.

Otros alimentos

A veces los padres dais a vuestros hijos otras cosas incluso en el hospital. Desde suplementos vitamínicos de herboristería, hasta productos ocultos fruto de un legado familiar secreto, pasando por agua, manzanilla, etc. Yo he visto dar un vaso de zumo de naranja al día a un neonato, porque era muy buena la vitamina C. Imagino que en casa será mucho más frecuente. Ninguno de esos productos dietéticos son beneficiosos para el bebé. Consultadlo con vuestro pediatra, por favor.

¿Tengo que comer por dos?

No hay que comer cosas especiales ni más cantidad por estar dando el pecho. Hay que, eso sí, pensar que se está dando leche materna y no tomar sustancias perjudiciales (por ejemplo, alcohol). Dicen que algunos alimentos pueden cambiar el sabor de la leche, por si notaras algo en el bebé, aunque es muy poco frecuente. La mayoría de las veces en que se cree que el bebé está irritable por un alimento de la madre no es verdad, solo en casos extremos de ingesta muy elevada.

No hay alimentos que aumenten la producción de leche, aunque todo el mundo a vuestro alrededor conozca, por lo menos, cuatro o cinco, ni suplementos de farmacia que hagan que esto pase. Tampoco es recomendable beber cerveza. La forma de aumentar la cantidad de leche que produces es aumentando las tomas y el vaciado de las mamas. No será por no decirlo.

Otros alimentos que no se recomienda comer en exceso durante la lactancia son los pescados azules como el pez espada, el atún rojo o el tiburón, ya que tienen metales pesados. Tampoco excederse con el café ni tomar bebidas energéticas que llevan mucha cafeína, porque puede hacer que el bebé esté irritable.

¿Qué es eso de que la leche materna tiene contaminantes?

La leche materna, como cualquier tejido con grasa de nuestro cuerpo, tiene contaminantes ambientales; esto no es ningún secreto ni hay que ocultarlo. Basta de tabúes. Tampoco hay que decir que la leche artificial está más contaminada aún, porque es una forma de hacer el ridículo. Pese a esto, la leche materna sigue teniendo beneficios. Se aconseja, eso sí, no tener una pérdida excesiva de peso durante la lactancia para no aumentar la cantidad de grasa removida para formar la leche, y que tenga más de estas sustancias. Lo recomienda el comité de lactancia de los pediatras en España. Así es que, si estás pensando en hacer dieta, piénsalo mejor.

En los últimos años, gracias a medidas medioambientales, estos productos son menos frecuentes año tras año en las muestras de leche materna.

Ingurgitación mamaria

Lo que antes se vivía como la subida de la leche típica, ahora es la ingurgitación mamaria, un problema, gracias a que ahora se va extrayendo el calostro desde el principio, al no separar al bebé de su madre.

Pasados 2-3 días, algunas mamás sienten que sus pechos están más grandes y dolorosos. Puede que el pecho esté demasiado lleno y duela, incluso se puede producir una verdadera inflamación si no se extrae la leche. Para aliviar esto se aconseja dar una ducha caliente o aplicar compresas calientes, masajear el pecho y realizar una extracción manual para facilitar la salida de la leche y el agarre al pecho del bebé. A veces están tan llenos que el bebé es incapaz de meterse la areola en la boca. También se puede valorar tomar ibuprofeno, porque reduce la inflamación.

Esto no cambiará nada si no aumentas la frecuencia de las extracciones.

Mastitis

Si notas dolor y enrojecimiento en alguna parte del pecho, acompañado o no de fiebre y malestar general, puedes estar desarrollando una mastitis.

Debes saber que la mastitis no siempre es infecciosa y que puede ser simplemente la consecuencia de una inflamación de una zona de la mama por un vaciado incompleto. Por eso, ante la sospecha de una mastitis, es muy importante continuar con la lactancia materna, aumentando la frecuencia de las tomas, o si esto te produce demasiado dolor, vaciando el pecho con sacaleches. Las tomas o extracciones nocturnas serán muy útiles.

Para aliviar las molestias puedes aplicarte compresas de agua caliente y hacer una extracción manual de la leche. Entre tomas, compresas de agua fría. También es posible que necesites tomar ibuprofeno por sus efectos antiinflamatorios. Es necesario una valoración por la matrona u otro experto para valorar si necesitas algo más, como tratamiento antibiótico, si no mejora en las primeras 12-24 horas.

Grietas

El dolor que notas cuando das de mamar puede deberse a que te han salido grietas. Suele ser un dolor localizado en el pezón, más intenso al principio de la toma. A veces las grietas no se ven. Las grietas salen porque el bebé, al mamar, no coge bien el pecho y solo se agarra del pezón. Asegúrate de que el bebé se agarra bien al pecho en todas las tomas. Puedes probar otras posturas hasta encontrar la que mejor os vaya. Pero también pueden salir por retirar bruscamente al bebé del pecho (mejor introduce un dedo por su comisura bucal antes de separarlo), estirando el pezón y lastimándose; o por lavar demasiado el pezón (la areola ya tiene una secreción protectora natural, no necesita nada más); o por usar un sacaleches a una potencia inadecuada. También es importante entre tomas mantener el pezón seco, por lo que los discos de lactancia pueden ser interesantes.

Entre tomas puedes ponerte un poco de glicerina, lanolina o leche materna sobre el pezón y las grietas. Ninguna ha demostrado funcionar más que otras o más que no hacer nada, pero si a ti te sirven, adelante. Luego deja que se sequen al aire. También puedes cambiar la posición o extraerte con sacaleches hasta que las grietas mejoren.

Pero no sigas haciendo lo mismo si te duele.

Si el bebé no se agarra bien, ninguna pomada mejorará las grietas.

En raras ocasiones duelen los pezones porque se ponen blancos y luego pasan a morados, e incluso también salen grietas. Es un fenómeno vascular llamado Raynaud del pezón, que tiene tratamiento, además de evitar los cambios bruscos de temperatura.

Cuando das de mamar con grietas, es posible que la leche salga mezclada con algo de sangre, que no afecta en nada al bebé.

Galactogogos

Hay algunos medicamentos que pueden aumentar la producción de leche, pero no son una solución mágica. Además de los posibles efectos secundarios, si no se mejora todo lo anterior, tampoco sirven de mucho. Consultadlo con vuestra matrona o pediatra. Si se usan, también hay que saber que se hace fuera de la ficha técnica del medicamento (no se pensaron para usarlos así) y que si la madre tiene problemas cardíacos hay que pensárselo bien, porque tienen algunos riesgos. En todos los casos, el tratamiento debe ser corto.

El resto de los productos de herboristería, incluidos los derivados de cerveza, no han demostrado su utilidad; algunos son incluso peligrosos para el bebé (cardo mariano, hinojo, anís, etc.).

¿Qué pasa si nace el bebé y ya le estoy dando pecho al hermano?

Pues se puede hacer la llamada lactancia en tándem, que no es más que seguir dándole el pecho a las dos criaturas, dando, eso sí, prioridad al pequeño, ya que será su alimento exclusivo. La postura que encontréis, si lo hacéis justo al mismo tiempo, es cosa vuestra.

¿Puedo amamantar gemelos?

Puedes, pero necesitarás más ayuda y más paciencia. Muchos de los partos gemelares, además, son bebés prematuros, y la leche materna es más importante aún en ellos. Pero hay que ser realistas, cuesta más que si solo hay un bebé, dejémonos de decir mentiras. Al principio necesitarás delegar más en la familia, pareja y amigos, e incluso no está de más dejarse ayudar por expertos en lactancia materna u otras madres con experiencia en amamantamiento de gemelos.

La duda tan frecuente sobre si tienes o no leche, aumenta, no al doble, sino mucho más, y los llamamientos a que dejes de darles el pecho, también. Tendrás leche suficiente si les ofreces el pecho muchas veces y vacías los pechos cada vez. Al principio poca leche, luego mucha más. Es decir, por lo menos cada dos horas, al menos veinte minutos, y si no se vacían, terminando con sacaleches. Debes estar cerca de ellos para notar sus gestos, que muchas veces son señales de hambre. Debes ofrecerles el pecho en esos momentos, antes de que estén llorando. El uso de sacaleches puede ayudar a vaciarte el pecho y poder, además, darles tu propia leche en un momento dado como suplemento.

Generalmente, al principio, se suele empezar con un bebé solo y luego se pone al otro, pero cuando tengas la producción establecida, es más fácil y práctico poner los dos a la vez. Hay muchas posturas para amamantar a gemelos, ya vimos alguna (por ejemplo, la del balón de rugby).

En casos de gemelos, debes cuidarte más aun; intenta descansar, apaga el teléfono móvil, olvida las preocupaciones ficticias. Busca momentos para hacer las cosas que te gustan.

Mitos

Hay muchos mitos alrededor de la lactancia y la leche materna, como en casi todas las facetas de la vida y de la medicina. Podéis ir señalando los que os digan, como si fuera una quiniela. Incluso alguna de las cosas que se dicen como seguras, tienen también parte de mito, aunque a muchos les moleste.

• Las tomas deben ser cada tres horas y solo diez minutos en cada pecho.

• El calostro no alimenta.

• La succión frecuente del pecho el primer día adelanta la subida de la leche *(realmente favorece la lactancia, el agarre y las ganas de amamantar, pero no la producción)*.

• Cuanto más tiempo pasa entre tomas, más leche hay.

• Cuanto más líquido tome la madre, más leche produce *(la madre tiene sed, pero no produce más por beber más)*.

• A mayor tamaño de la mama, más leche produce.

- Lavar el pecho antes y después de las tomas, o usar alcohol en los pezones para evitar las grietas.
- Si tienes pezones invertidos no podrás dar de mamar.
- Cada vez que llora es que tiene hambre.
- El bebé debe aguantar tres horas.
- Con gemelos, hay que dar fórmula artificial porque no hay leche suficiente para dos.
- Las cesáreas hacen que la leche tarde más en subir.
- Coger a los niños en brazos o hacer el piel con piel los convierte en caprichosos y malcriados.
- No hay que iniciar la extracción de leche hasta que la mamá note la subida.
- Amamantar estropea las mamas.
- Dar el pecho debe doler.
- Las mujeres con prótesis mamarias no pueden dar de mamar.
- Comiendo más se tiene más leche.
- Beber más leche aumenta la producción.
- La falta de leche se hereda.
- Una madre siempre, siempre, siempre, es capaz de producir leche *(es raro, pero hay madres que no pueden por mucho que quieran. En el hipotiroidismo, el síndrome de ovarios poliquísticos o en el síndrome de Sheehan, debido a hemorragias en el parto o postparto, la producción es escasa).*
- Si el pecho está blando es que no tienes leche.
- Tu leche puede estar aguada.
- El temperamento o la personalidad de la madre se transmite con la leche.
- Las pelirrojas, las mamás de piel blanca y de ojos azules, producen menos leche.
- Las hojas de col sirven para calmar la ingurgitación mamaria.
- Mientras estés dando de mamar no te puedes quedar embarazada.
- Si tienes placer sexual dando el pecho eres una pervertida.
- Si no das el pecho, no tendrás vínculo con tu bebé.
- La teta más allá de los seis meses es por vicio. Ni alimenta ni la necesita.

Lactancia artificial

Lo primero que os tengo que decir es que si le dais fórmula artificial a vuestro bebé no sois peores ni mejores padres ni madres. Que nadie os intente convencer de ello.

Lo que no vais a poder evitar es que os intenten informar sobre la lactancia materna, porque hay muchos mitos erróneos sobre ella y es una lástima que queráis dar el pecho y ante dificultades solo os ofrezcan la lactancia artificial[3]; puede que la elijáis sin saber que se podían hacer otras cosas. Pero si no queréis hacerlo, no deberían coaccionaros. Hay una gran diferencia entre decir que «el pecho es mejor» y decir que dar fórmula supone una amenaza para la vida del bebé. Y eso se dice o se insinúa.

La leche materna es inigualable, pero no es insustituible.

Vuestra decisión depende de muchas cosas, no del hecho de querer lactancia materna como un objetivo en sí mismo. Hay motivos culturales y de estilo de vida incluidos que solo os corresponden a vosotros elegir. Algunas mamás os sentís atadas al horario de alta demanda que necesita una lactancia materna, especialmente al principio, ya que la leche materna se digiere antes y los bebés piden con más frecuencia. Otras necesitáis tiempo y que otra persona se encargue de la alimentación, y no queréis extraeros la leche. A otras os avergüenza dar el pecho en público u os crea ansiedad. A otras, no saber exactamente cuánto toma vuestro bebé os produce una inquietud insuperable o bien, queréis volver a hábitos de consumo que no son compatibles con la lactancia materna o la necesidad de volver al trabajo os hace rehuir de dar el pecho. El miedo a alterar la imagen corporal, a los cambios en la sexualidad, o simplemente, el no querer dar pecho, pueden ser motivos suficientes. Cada una, tiene derecho a elegir, no a que os infantilicen y avergüencen por ello. Os tienen que ayudar a que las tomas de fórmula sean también satisfactorias. Algunas personas pueden insistir porque creen que la decisión es por falta de información. Si lo hacen, aseguradles que tenéis información suficiente.

La lactancia materna es mejor que la lactancia artificial, pero si es la que habéis elegido, será la mejor alimentación de vuestro bebé.

Si le vais a dar leche artificial, es importante que sea con las mayores garantías, de marcas que cumplan todos los requisitos legales en su producción.

---

3. Si tenéis decidido dar este tipo de alimentación, deberías leer también el capítulo sobre lactancia materna

¿Cómo se prepara un biberón?

Las fórmulas infantiles requieren una preparación previa para evitar riesgos, especialmente riesgos infecciosos. Pero no es nada complicado, no hagamos difícil lo fácil.

La leche artificial, también llamada fórmula, se vende en forma de polvo y hay que preparar cada biberón. También se vende ya en forma líquida, pero es mucho más cara y menos práctica.

Es muy importante limpiar bien todo lo que se va a usar, empezando por lavarse bien las manos. Hay que lavar muy bien, con agua caliente y jabón, todos los utensilios, usando un cepillo especial para limpiar el interior de los biberones y tetinas, y aclararlos con agua potable (eso es lo que dice la guía de la OMS, por si teníais pensado usar agua no potable en España para los biberones). Hay biberones de plástico y de vidrio; estos últimos se limpian mejor y contaminan menos en su fabricación.

Estos utensilios, ya limpios, no tienen por qué esterilizarse, aunque os van a convencer de que es imprescindible. Encontraréis gente que diga que es muy necesario hasta _____ (poned los meses que queríais en ese hueco). Le vamos a dar un biberón, no a hacerle un trasplante de corazón. Dejemos de exagerar las cosas. Más aun ahora que sabemos que la leche materna también tiene bacterias.

Si decidís esterilizarlos de vez en cuando, se puede hacer con aparatos esterilizadores (cada cual funciona de una forma) o con agua hirviendo. Si es con agua, hay que meter los utensilios en una olla, cubriéndolos enteros con agua, y llevarla a ebullición. Luego podéis mantenerlos en un lugar limpio, ya ensamblados, no por piezas.

Ya tenemos las piezas, ahora vamos a preparar un biberón.

• Calentamos el agua hasta que hierva.

El agua hervida puede tomar mal sabor y concentrar sales minerales disueltas, por lo que con un minuto de ebullición es suficiente.

• Añadimos leche en polvo según las instrucciones de cada marca.

En general, suele ser añadir una cucharada rasa de leche en polvo por cada treinta mililitros de agua. Sin hacer montañitas ni nada, ni presionando el cacito para que entre más.

• Cerramos el biberón con la tapa y lo agitamos suavemente.

Notaréis que ahora el biberón ocupa más volumen. Por ejemplo, si era 120 mililitros de agua, ahora medirá 130 o más.

• Después, hay que enfriar un poco el biberón con el chorro del grifo.

Hay que comprobar la temperatura echándonos unas gotas en el interior de la muñeca. Debe estar tibia, no caliente. Si hay duda, mejor que esté tendiendo a fría.

• Lo siguiente es dárselo al bebé. Comprueba que gotea, que no sale a chorro (se atragantaría) ni que no sale (le costaría mucho hacer las tomas).

• Lo que sobre, en un plazo de dos horas, hay que desecharlo.

No hay que usar el microondas para calentar el biberón, porque no calienta por todos lados igual y puede hacer que el bebé sufra quemaduras en la boca al creer que la temperatura es correcta, aunque se usa mucho. Si lo hacéis, agitad la leche para que se distribuya el calor.

¿Puedo preparar varios biberones?

Si lo que queréis es preparar varios biberones para usarlos después, sabed que no es una buena idea. Los biberones hay que consumirlos pronto porque pueden crecer bacterias, pero si lo hacéis, lo ideal es enfriarlos rápido y dejarlos en el frigorífico a menos de 5 ºC, como mucho veinticuatro horas. Si pasa más tiempo, hay que tirarlos.

Si le dais un biberón que ya teníais preparado en el frigorífico, puede calentarse, pero por lo mismo de antes, no es seguro en el microondas. Se puede hacer al baño maría, como mucho en quince minutos, y volviendo a comprobar su temperatura. Muchos bebés se los toman igual sin calentar.

¿Y si no puedo hervir el agua?

Pues existen las preparaciones de leche ya líquida (más caras) o se puede usar agua potable limpia a temperatura ambiente y dar el biberón de inmediato, sin almacenarlo después, desechando lo que quede si pasan más de dos horas. También puede usarse agua embotellada de baja mineralización.

Si vais a pasar todo el día fuera de casa podéis preparar la dosis de polvo de manera individual, cada una en un recipiente limpio, añadiendo después el agua.

¿Cuánto tengo que darle?

Usa agua embotellada o agua hervida a temperatura templada y por cada treinta mililitros de agua añade una cucharada rasa de la leche en polvo. Así, irás viendo si siempre se toma los treinta mililitros, y posteriormente, pasados los días, prueba a ofrecerle sesenta mililitros con dos cucharadas, luego noventa con tres, etc. Es decir, si en varios días siempre se toma sesenta mililitros, hay que subirle a noventa mililitros e ir viendo cómo va apurando esas tomas pasando los días. Igual que hablamos en la lactancia materna, no tiene sentido que el bebé aguante entre las tomas, hay que darle cuando tenga hambre, aunque suelen pedir menos frecuentemente porque se digiere más lentamente. Cada bebé es diferente y toma cantidades distintas, mientras no se le fuerce. Cerca de las cuatro semanas de vida pueden llegar a tomar entre 100 y 120 mililitros por toma, pero no perdáis de vista que depende de cada niño.

¿Qué leche tengo que darle?

En España hay multitud de leches para recién nacidos. Las conocerás porque todas deben poner en su etiqueta «para recién nacidos», o «de inicio» o «1».

No existe una asignatura ni una especialidad que se llame cambio de leche en el recién nacido o en el lactante. No son recomendables los cambios de marca de leche salvo por indicación médica. Muchas veces los cambios se hacen para complacer a las familias, o por lo que dicen amigos y amigas, y personas con sus propias experiencias; mientras lo que le pasa al bebé, si es que le pasa algo, desaparece. Acudid al pediatra antes de hacer cambios sin ton ni son.

La leche materna es la mejor alimentación para el bebé, pero si no se da, la mejor alternativa es la leche artificial, modificada de la vaca. Está muy regulada y se lleva estudiando años y años para mejorarla. Otras leches, de soja, almendras, etc., se llaman así pero no son ni leches, los bebés sí que morirían si solo tomaran eso. La de cabra, etc., no beneficia en nada respecto a la de vaca tratada.

¿Cómo se lo doy?

Coge al bebé muy pegado a ti, quedando su cabeza sobre tu brazo doblado, algo más alta que el resto del niño. Mete la tetina delicadamente sobre la lengua, no debe salir tanta leche que se atragante. Si el agujero de la tetina es muy pequeño el bebé necesitará hacer muchos esfuerzos. Intenta que la tetina esté llena de leche y no de aire. Dale tiempo, y nunca lo fuerces, ni lo menees mucho tras las tomas.

¿Las mejores leches son las más caras?

Pues no. Cuantos más apellidos tiene una leche artificial, más cara suele ser, y no siempre lo que dicen que hace (los beneficios que dice que tienen) son reales, o al menos, no son reales a las dosis que un humano puede tomar. Las marcas hacen publicidad entre los pediatras, y algunos llegan a creerse todos los beneficios de muchas de ellas, cuando no están demostrados. Algo parecido pasa con las leches de crecimiento (las que se dan con más de un año), que también se recomiendan por sociedades científicas cuando desde hace muchos años se sabe que no aportan nada.

¿Tengo que apurar los biberones?

Al ver la cantidad de leche que toma parece que tenéis más control sobre lo que ingiere el bebé, aunque esto no tiene por qué ser bueno en sí. No hay que forzar a que el bebé se tome todo el biberón; habrá tomas en que coma más y otras en las que coma menos. Uno de los posibles problemas de esto es el aumento de obesidad en el adulto relacionado con la lactancia artificial, que pese a todo, aún no está claramente demostrada.

¿Pasa algo si le pongo más polvo en la misma cantidad de agua?

Sí pasa, es peligroso, el bebé puede ponerse muy malito si se hace durante mucho tiempo, ya que sus riñones no están preparados para esa sobrecarga. Si hay que darle, que sea siempre leche bien preparada.

No se debe dar nunca el biberón a un bebé que permanece acostado o dormido, dado que existe peligro de aspiración: no es frecuente que pase, pero sí existe. Nunca hay que obligar al bebé a que se lo termine si él no quiere.

El vínculo afectivo no es exclusivo de la lactancia materna

El apego es un tipo de vínculo afectivo que se establece entre el niño y las personas más próximas a él. Es una necesidad biológica del recién nacido. Su función es ayudar al bebé a crecer con seguridad y autoestima.

La lactancia materna promueve el vínculo entre la madre y el hijo, y es cierto, pero el vínculo no es exclusividad del amamantamiento, ni las madres que alimentan a su bebé de otra forma tienen menos vínculo, sino que hay otros factores que lo aumentan o que lo disminuyen. Se tiende cada vez más a asociar el apego a la lactancia materna, cuando es completamente mentira que sin ella no haya apego.

Se os debe animar a que realicéis el contacto piel con piel inmediatamente después del parto. El contacto piel con piel tiene beneficios conocidos, como una mejor transición a la vida fuera del seno materno y debéis hacerlo, aunque no se le vaya a dar lactancia materna. Se puede dar otro tipo de alimentación y tener un vínculo fuerte con el bebé. En algunas guías se dice que si dan biberón hay que decirles «que miren a los ojos de sus hijos», como si dar el pecho implicara estar pendiente del bebé y dar el biberón, no. No sé si es que nunca han visto dar un biberón, pero se puede querer mucho a tu bebé y no darle el pecho, y estar muy pendiente y tener un contacto pleno con él.

Dar el biberón tiene además algunos inconvenientes: se necesita más planificación a la hora de las tomas, mucha más que con la lactancia materna, y es más caro.

La mayoría de las defensas del bebé pasan por la placenta

La leche materna tiene propiedades antiinfecciosas muy importantes, eso no hay ni que rebatirlo, especialmente a nivel de la mucosa digestiva y respiratoria, pero muchas veces parece que es la única fuente de defensas, y no lo es. De los beneficios demostrados parece que hay menos cuadros de gastroenteritis y de infecciones respiratorias. De hecho, muchas personas creen que las defensas pasan por la leche, cuando las más importantes pasan por la placenta. Y a veces se usa este argumento para asustaros, y se oculta el que os acabo de decir.

Asustar a los padres con que el bebé está indefenso es retorcer lo que pasa de forma sesgada, de ahí que veamos a padres que no vacunan a sus hijos porque les dan leche materna (ya no hace falta nada más). Algunos, incluida la OMS, llaman a la leche materna la *primera vacuna.* Y así pasa lo que pasa. No dar de mamar es someterlo a un riesgo cierto, a dejarlos sin defensas. Mira, no.

Lactancia mixta

En ocasiones, unas madres deciden dar el pecho al bebé, pero en algunos momentos del día no pueden, y le dan leche materna refrigerada o fórmula artificial. Esto último es la lactancia mixta. No todo es blanco y negro. Vivimos en un mundo lleno de matices. Incluso a veces, los problemas con la lactancia no pueden superarse inicialmente y los padres dais lactancia artificial o mixta hasta que podéis volver a dar el pecho de forma exclusiva. Por ejemplo, algunas personas dan biberón mientras solucionan sus problemas con las grietas, o consiguen un ambiente mejor que el que se crea en el hospital y posteriormente, vuelven a dar el pecho.

La lactancia es un camino que hay que recorrer, y se puede llegar al mismo destino por diferentes senderos. A veces lo más importante es lo que proporcione felicidad a la familia, que suele ser lo que mejor les funciona. Si decidís darle lactancia mixta, bienvenida sea. Lo ideal sería darle el pecho y luego completar con leche materna extraída y si no, fórmula. Algunas mamás van guardando y congelando leche materna de forma que tienen en el congelador de su casa un pequeño banco de leche para usar la fórmula solo en casos concretos.

¿Y si decido dejarlo?

Si decides dejar de dar lactancia materna, lo primero es daros la enhorabuena por el tiempo que la disteis. Aunque existen unas pastillas que tu médico te puede recetar para cortar la leche, lo mejor es ofrecer cada vez menos veces el pecho, o extraerte solamente la cantidad mínima de leche para que no te duela. Tu pecho le irá diciendo al cerebro que deje de producir, de forma que, en unas semanas, dejará de fluir. Cuanto menos saques, menos produces.

Hay un punto de equilibrio entre los beneficios de la lactancia materna y las dificultades y restricciones que puede generar en la madre. Cada una debe valorar ese equilibrio y decidir. Pero la decisión es de la madre, no de los demás. No hay que negar esas dificultades, ni quitarles importancia. Todos van a negar vuestra capacidad de decisión informada. Siempre dirán que no estabais bien informados o que no recibisteis ayuda. No aceptan que decidáis otra cosa.

Somos mamíferos sí, pero hemos evolucionado bastante (la mayoría). También somos racionales y otros factores influyen en nuestras decisiones. Creer que lactar es natural y se hace solo, sin ayudas y sin dificultades, solo provoca frustración en las madres que tienen problemas o que no quieren hacerlo.

No dar el pecho puede asociarse a un niño sano, feliz y a una familia estructurada y contenta con su decisión.

¿Cuándo estamos listos para irnos del hospital?

El alta antes de las 48 horas de vida se puede considerar en los recién nacidos sanos, pero no tiene por qué ser adecuada en todos los casos. Si el parto ha sido vaginal, no se recomienda el alta antes de las 36-48 horas, y si ha sido cesárea, no antes de tres días. Me refiero a los bebés, ya que en partos vaginales, muchas veces la madre está perfectamente a las pocas horas. Aquellos recién nacidos que se van antes de esas horas deben ser reevaluados otra vez dos o tres días después.

Muchos de los problemas importantes que algunos bebés pueden presentar necesitan periodos de observación (ictericia, infecciones, enfermedades del corazón, obstrucciones intestinales, etc.), aunque no hubiese riesgo conocido y el bebé inicialmente no tuviese problemas.

Debe hacerse una exploración por parte del pediatra antes del alta, valorando nuevamente los datos del embarazo y conociendo el peso y el estado de nutrición e hidratación. El bebé antes del alta debe tener las constantes normales (frecuencia cardiaca, frecuencia respiratoria, temperatura), haber orinado de forma regular y, por lo menos, haber realizado una deposición de meconio de forma espontánea. Es muy importante saber si el bebé y la madre se acoplan bien y realizan las tomas de forma correcta. También, en muchos sitios, se mide la bilirrubina con un aparato en la piel, y según la cifra, se puede volver a citar si está cerca de los límites de ingreso. Es conveniente que vuestro bebé se vaya con la prueba del talón hecha, aunque depende mucho de en qué comunidad estéis, y también con la del oído. A partir de ahora estaréis en casa, es el momento de preguntar cosas sobre el cuidado del bebé antes de iros. Luego os entra el miedo escénico y aparecen dudas que en el hospital eran certezas.

Asegurar la alimentación adecuada es difícil en tan corto periodo de tiempo, por eso los pediatras a veces se guían por el peso y si la pérdida es muy llamativa, se intentan corregir los problemas o vuelven a citaros pronto con el bebé para ver si las medidas tomadas han sido eficaces.

Las causas más frecuentes para reingresar al bebé en el primer mes de vida son la deshidratación y la ictericia.

Por tanto, el alta del bebé depende del pediatra, no va ligada *per se* a la de la madre y hay muchos factores individuales.

El apoyo y la valoración de una matrona en casa, como pasa en muchos países, a las 24-48 horas del alta, podría hacer que el tiempo de ingreso fuera menor, pero no es lo habitual por ahora en nuestro país.

Prematuros tardíos

Los bebés prematuros tardíos son los que nacen entre la semana 34+0 y 36+6. Son prematuros, y muchas veces están con vosotros en la planta de maternidad, pero no hay que olvidar que lo son. Por ello, si vuestro bebé es prematuro tardío, no debéis iros de forma precoz, porque al final, tendréis que volver. Es muy frecuente que reingresen pronto, especialmente si estáis menos de 48 horas ingresados, por deshidratación, ictericia, dificultades en la alimentación o infecciones. Estos reingresos aumentan si la mamá y el papá sois muy jóvenes, es vuestro primer bebé y realizáis lactancia materna exclusiva (sin ayuda a la madre o con muy malos consejos, claro). Por tanto, en estos niños, no hay un periodo de estancia claro en maternidad. En muchas ocasiones, cuando la madre tiene el alta, el bebé tiene que ingresar en neonatología. El riesgo de ictericia importante no es anecdótico y os deben ofrecer un seguimiento si el bebé está ya amarillo en los próximos días y consejos sobre la prevención del síndrome de la muerte súbita infantil.

Los prematuros tardíos son el número mayor de prematuros a nivel mundial, y aunque no salen en televisión como los bebés de 400 gramos, cualquier mejora en estos niños tiene una repercusión en la salud de la población tremenda. Hablaremos de ellos ahora.

El recién nacido prematuro

Los padres, muchas veces no estáis preparados para tener un hijo prematuro; suele ser casi siempre una sorpresa, y en ocasiones, todo lo que sucede os sobrepasa. Es normal llorar, tener ansiedad por el qué pasará y sentimientos de culpa, temor o ira. Debéis asumir el papel de cuidadores del bebé, un bebé que no es como lo habías imaginado, y aprender a tomar decisiones sobre su futuro inmediato.

El recién nacido prematuro es el que nace antes de la semana 37 completa, es decir, el que nace antes de cumplir 37 semanas y 0 días. Como la fecha probable de parto que os han dicho es la de la semana 40+0, cualquier bebé que nazca más de tres semanas antes es prematuro.

La edad gestacional es el parámetro aislado que mayor influencia tiene en el desarrollo del bebé; no es lo mismo un prematuro de 24 semanas que uno de 36. Por eso, los prematuros se clasifican en diversos tipos, porque aunque todos pueden tener los mismos problemas, según la edad gestacional, unas cosas son más o menos frecuentes. Por ejemplo, según las semanas de gestación:

• Entre la semana 34 y 36 se llaman prematuros tardíos.
• Entre la semana 32 y 33, prematuros moderados.
• Bajo la semana 32, grandes prematuros.

Los prematuros de 32 semanas o menos se benefician mucho de nacer en un hospital con cuidados intensivos para bebés. Puede que donde pensasteis tener el bebé no tengan esos cuidados y os deriven a otro hospital. Incluso puede que si tenéis riesgo de parto prematuro os manden a otro hospital si en el vuestro no hay sitio para vuestra próxima criatura. Pensad en el bebé a la hora de elegir dónde nacer. Son más importantes los medios que tengan que lo bonita que la habitación pueda ser.

Otra cosa es el peso. Según el peso, se clasifican así:
• Los que pesan menos de 2.500 gramos, se llaman de bajo peso.
• Los que pesan menos de 1.500 gramos, se llaman de muy bajo peso.
• Los que pesan menos de 1.000 gramos, se llaman de extremado bajo peso.

Cada grupo tiene unos riesgos diferentes, pero lo que debéis saber es que son niños y niñas con características y necesidades especiales.

Para empezar, no os dejéis engañar por el término *para engorde*. Los bebés no ingresan para engordar en la incubadora, ingresan para crecer y desarrollarse, y eso lo hacen fuera del mejor lugar, el útero de su madre. Por tanto, ese crecimiento y desarrollo del bebé se puede ver alterado por tantos factores externos que a veces el bebé tiene un problema en el desarrollo y no se puede saber cuál fue la causa, solo la prematuridad. Sus órganos son inmaduros y deben madurar en estas condiciones, provocando que a veces no lo hagan bien. Pensad que la superficie del cerebro, que está llena de surcos al nacimiento, a las 35 semanas muestra bastantes menos, y a las 24-25 semanas casi no tiene.

Muchos papás y mamás creen que el riesgo de un prematuro está en las primeras 24 o 48 horas, como en las películas, y luego están fuera de peligro. Por desgracia no es así. La historia de un gran prematuro se parece más a correr un maratón. Es importante la salida, incluso hacer bien los primeros kilómetros, pero hasta que no se llega a los 42 kilómetros (lo que mide un maratón), la carrera no ha acabado, e incluso hay momentos en los que la carrera se hace cuesta arriba. A veces lo peor de la carrera no está al principio.

La mayoría de los problemas que tienen los prematuros se deben a la inmadurez. Los pulmones no funcionan bien, pueden tener infecciones, sangrar en el cerebro o que su intestino no tolere la comida. Según la edad, el sexo, el peso y muchos otros factores, el pronóstico varía, pero en España, por ejemplo, la supervivencia es muy alta, incluso en menores de 1.000 gramos o 28 semanas. Los avances se encaminan, más que a la supervivencia, a que tengan las menores secuelas posibles.

La edad corregida

Una de las cosas más importantes que los padres de niños prematuros debéis conocer es la edad corregida. Creedme, es fundamental.

Es la edad que tendría el bebé si hubiera llegado a las 40 semanas de gestación y hubiera nacido ese día, el día de la fecha probable de parto. Por ejemplo, un bebé de 36 semanas, cuando pasan 8 semanas del nacimiento, no tiene 8 semanas de edad corregida, sino 4 semanas de edad corregida (36 + 4: 40 semanas. Y desde ahí, otras 4 semanas). Otro ejemplo: dos niños prematuros, uno de 28 semanas y otro de 24 semanas. El primero tendrá 0 días de edad corregida a las 12 semanas de su nacimiento (28 + 12: 40 semanas) y el de 24 semanas de gestación, cuando pasen 16 semanas 4 (24 + 16: 40 semanas). Así, se llevan todos los prematuros, sean de la edad gestacional que sean, a las 40 semanas y desde ahí se cuenta como si fueran recién nacidos. Es la única forma de compararlos y es de vital importancia porque, por ejemplo, el desarrollo neurológico, que puede ser más lento además, se debe valorar en función de la edad corregida, así como el peso y la longitud, no por la edad cronológica.

Los padres también os debéis acostumbrar a no comparar a los niños por la edad real, sino por la corregida, y si es posible, a no comparar. Solo se usa la edad real para las vacunas. A partir de los dos años deja de usarse la edad corregida y se acepta la edad cronológica.

Hasta hace poco, en España, los bebés prematuros empezaban a escolarizarse según la edad cronológica, por lo que solían ser mucho más pequeños que sus compañeros de clase. Desde hace poco se pueden escolarizar en función de la edad corregida.

Visitas

Los niños prematuros tienen más facilidad para no controlar bien la temperatura y tienen más riesgo de tener infecciones, por lo que las visitas en la planta de neonatología están más restringidas (salvo para los padres).

Ya en casa, durante las primeras semanas, las visitas pueden ser fuente de infecciones, que en esas personas que visitan al bebé no suelen tener importancia, pero que en un recién nacido prematuro puede ser motivo de necesitar un nuevo ingreso. Por lo tanto, evitar las visitas masivas en casa si vuestro bebé es prematuro, aunque sea de 35 o 36 semanas. Y a los que vayan, hay que obligarles a lavarse las manos y a que no vengan si están acatarrados. Un catarro en un bebé prematuro puede acabar en un ingreso.

¿Hasta cuándo un prematuro es un recién nacido?

Aquí vuelve a salir la edad corregida. Los prematuros son recién nacidos hasta que pasan los 28 días de la edad corregida. Depende de cuándo nacieran, eso puede ser incluso meses de edad cronológica. Es decir, cuando llegan a la semana 40 y 28 días más.

Mi bebé necesita una sonda

La mejor alimentación para el recién nacido prematuro es la leche materna. En algunos hospitales, por suerte, si es prematuro por debajo de unas semanas concretas, se le puede dar leche materna donada si no se dispone de la de su propia madre. Frecuentemente, los prematuros succionan, pero no coordinan bien la succión con la deglución, o por otros motivos, no tragan bien, o no logran completar las tomas, y deben irse a casa con una sonda orogástrica para alimentarse. Son unos tubitos que van desde la nariz o la boca al estómago, para que el alimento entre directamente. No son un problema, sino una ayuda para que vuestro bebé crezca; probablemente, con el tiempo, pueda prescindir de ellas. En el hospital os enseñarán a manejarla si es necesario.

El método canguro

Si tenéis ingresado a vuestro bebé por ser prematuro es muy importante que hagáis el método canguro. «¿Y esto qué es?» os preguntáis muchos la primera vez. Es como si mantuvierais a vuestro bebé en la bolsa que tienen los canguros.

La madre o el padre, desnudo de cintura para arriba o con la camisa desabrochada, sentado o reclinado, se coloca entre los pechos al niño desnudo o solo con el pañal. Luego se pueden cubrir a ambos con una manta o con la ropa de la madre o padre. Ayuda al desarrollo neurológico del bebé, favorece el vínculo y la lactancia materna. Además, muchos grandes prematuros están más estables así. Pero si no se le da leche materna también es beneficioso mantener este contacto piel con piel. Una de las cosas que se dice poco es que es muy placentero, así, sin más. Cuando el bebé es demasiado grande, trata de escapar de esta posición y no se deja.

¿Qué comerá?

Si no toma leche materna, porque la madre no puede o no quiere, y no se le puede ofrecer leche del banco de leche, suelen tomar unas leches especiales llamadas *de prematuros,* pero al alta seguirán con la leche artificial que toman los niños que no han sido prematuros. Está demostrado que los bebés prematuros ganan peso más fácilmente en casa que en el hospital.

Al alta, el pediatra les manda suplementos de vitamina D y también de hierro, porque los prematuros son deficitarios en esto, ya que estas sustancias se acumulan al final del embarazo, justo cuando ellos nacieron.

Vitamina D

La vitamina D no es para que se le cierren los huesos de la cabeza, sino para la adecuada formación de los huesos. En el cuerpo de los bebés, la vitamina D se forma en varias etapas, pasando por el hígado, el riñón y la piel, por eso es aconsejable la exposición al sol. Como suelen estar tiempo en el hospital, y se les saca poco y muy tapados, pueden tener un déficit de producción de vitamina D. También se recomienda en los niños a término.

Seguimiento

Los niños prematuros, especialmente los menores de 32 semanas o menores de 1.500 gramos, precisan un seguimiento más estrecho para valorar su desarrollo neurológico y su sentido de la visión y la audición, entre otros. El pediatra os dirá qué citas y que seguimiento precisa vuestro bebé.

La comparación con otros bebés no prematuros no solo os generará ansiedad, sino también, más adelante, frustración. Cada etapa tendrá su ritmo. Vuestro bebé es único e irá haciendo las cosas progresivamente. Disfrutad de sus avances, no de los de los demás. No es una carrera para llegar el primero.

Muchas veces, en la calle o en el entorno familiar, la gente pregunta sin saber qué está haciendo. No entienden que, si fue muy prematuro, no haga las cosas que aparentemente debiera por la edad cronológica, ni que sea más pequeño ni que pese poco. No os lo toméis a mal, no conocen el concepto de edad corregida, para empezar. Veréis que las personas también os dan consejos sobre los prematuros. Los hay de dos tipos: los que creen que con lo que avanza la medicina todos salen adelante y bien, y los que creen que salen pocos y mal. Se encargarán de decíroslo, ya lo veréis. Una de las cosas que más dicen es que los sietemesinos van mejor que los ochomesinos, cuando no es verdad, sino todo lo contrario.

Tendréis una gran incertidumbre sobre su futuro desarrollo neurológico. En el seguimiento se irán viendo los avances o los problemas. Es difícil anticiparlos, a veces, pueden hasta magnificarse; y luego que no los haya o que sean leves. La evolución es la clave.

Atención temprana

Los bebés que son muy prematuros, así como los bebés con riesgo de alteraciones en el desarrollo neurológico, se benefician del apoyo de las unidades de atención temprana. En ellas se hacen intervenciones en el bebé y las familias para dar respuesta a sus necesidades, en su desarrollo, ya sea porque está alterado o porque tiene riesgo de estarlo. Pregunta si tu bebé puede entrar en el sistema de tu comunidad antes del alta. En algunas comunidades el acceso es difícil, aunque el bebé lo necesite.

El desapego

A veces, los papás de bebés prematuros vienen poco, no quieren tocarlos, no quieren implicarse, etc., por miedo a que al final no vaya bien. Si es vuestro caso, pedid ayuda para superar esa etapa, estad en contacto con el bebé el mayor tiempo posible y participad de los cuidados. El método canguro ayuda a esto. Vuestro bebé no es el que iba a nacer en unas cuantas semanas, o el que posiblemente se vaya al final a casa, sino que es ese que desde el principio os necesita, y hay que acompañarlo en esos momentos tan difíciles. Si no habéis sentido esa conexión con el bebé, no tiréis la toalla.El apego puede suceder tras el paso por neonatología, se va construyendo y nunca es tarde para querer a vuestro hijo y demostrarlo. Tenéis que evitar darle toda la importancia a sus posibles limitaciones. Ayudadlo ahora, ya os necesita, puede que más que nunca. Tanto si va bien, como si finalmente el desenlace no es el deseado, estos momentos os servirán a todos.

A veces este desapego lo sienten el resto de hermanos. Debéis intentar centraros más en ellos, y que entiendan que entre todos tenéis que cuidar de él, para que comprendan por qué los padres ahora tenéis que atender a tantos frentes a la vez. El tiempo de calidad no existe, es una falacia que se han inventado los adultos para justificarse a sí mismos:

los niños, en este caso los hermanos, quieren estar con los padres todo el tiempo posible.

La sobreprotección

El otro lado de la balanza es la sobreprotección de los bebés prematuros, manteniéndolos en una burbuja, sin contacto con el exterior y no permitiéndoles a la larga que nadie les importune en nada. Eso no es bueno, especialmente para ellos mismos. La incertidumbre que tenéis sobre su futuro puede hacer que se lo estéis limitando, impidiéndoles que tengan un desarrollo adecuado (a largo plazo). No infravaloréis al bebé solo porque fue prematuro. También será un niño y tiene derecho a serlo. Haced todo lo que esté en vuestras manos para intentar evitar problemas imaginarios.

Las vacunas

Las vacunas deben ponerse según el calendario vacunal de su comunidad, con la edad cronológica. Los prematuros, especialmente los grandes prematuros, reciben menos defensas de sus madres por la placenta, porque ya habían nacido cuando las iban a recibir. Por eso se ponen con la edad cronológica, para protegerlos antes.

Es posible que le recomienden la vacuna de la gripe a partir de los seis meses de vida y antes al resto de la familia.

También en los más prematuros o los que necesitan oxígeno en casa, se les pone una vacuna en el hospital, llamada palivizumab, que realmente no es una vacuna en sí, sino una medicación, unas defensas (anticuerpos), para intentar evitar la infección por el virus que provoca la bronquiolitis durante los meses de invierno. Si está indicada, vuestro pediatra os dirá cuándo y dónde ponérsela.

El alta

Pasado un tiempo, llegará, por fin, el alta a casa. Si fuisteis trasladados desde un hospital más pequeño es posible que antes os manden de vuelta al hospital que os correspondía, y que ya allí, os den el alta.

¿Cuándo se le da de alta del hospital a un prematuro?

En general, suele darse con un peso entre 1.800 y 2.200 gramos, aunque esto es orientativo, y unas 35 semanas de edad postconcepcional.

• Debe ganar peso de forma estable.

• No debe realizar apneas (pausas respiratorias), si tomaba medicación para ellas, debe pasar al menos una semana de la última dosis.

• Debe mantener la temperatura corporal sin ayuda.

• No tiene que tener soporte respiratorio (aunque a veces se van a casa con oxígeno suplementario).

• Debe ser capaz de tomar adecuadamente pecho o biberón. En ocasiones también puede irse con sonda si se ve que tardará mucho en conseguirlo.

Cada bebé tendrá un ritmo y llegará a estos objetivos en momentos diferentes.

Os darán un informe de alta donde vendrán todas las pruebas que se le han hecho y su evolución, con citas para el seguimiento si las precisa, así como las medicinas que debe tomar, si las necesita, y si hay que ir aumentado la dosis a medida que aumente de peso. Es importante que preguntéis por los síntomas que pudiera tener vuestro bebé en concreto, y que necesiten una valoración, y sobre los riesgos de los bebés prematuros en casa.

En algunos hospitales hay habitaciones individuales en las que, quedándole poco tiempo de ingreso al bebé, los padres estáis con él las 24 horas del día, asegurando vuestras habilidades prácticas con el prematuro. Preguntad si vuestro hospital dispone de este tipo de habitaciones.

Es muy probable que lo que hubierais preparado para el parto, como la ropa, por ahora no le sirva. Ya llegará el momento en el que la ropa se le quede pequeña.

Pueden surgir sentimientos negativos. Tomaos las noticias médicas con calma y bajad las expectativas al presente, no al futuro. Buscad objetivos realistas con vuestro bebé. Dejaos apoyar por la familia y amigos. Hablad, llorad. Reíd.

EN CASA

No tiene instrucciones

Cuando llegáis a casa os asaltan las dudas que en el hospital parecían temas claros. Poco a poco os iréis adaptando a vuestros propios ritmos, y en unos días, os acoplaréis los unos a los otros.

Para todo esto, la labor de la pareja es fundamental. Los bebés de los libros y los de los amigos y amigas serán eso, otros bebés, que harán las cosas siempre bien, y el vuestro, puede que lo haga todo diferente. Aprenderéis a conocer cómo es el vuestro, cuáles son sus comportamientos especiales, llegando a reconocerlo mejor que nadie.

Los bebés no traen libro de instrucciones porque cada bebé es único y la relación del bebé con sus padres no es comparable con la de otros bebés. Somos algo más que máquinas o biología. Además, casi nadie lee los libros de instrucciones, seamos sinceros. Todo el mundo os dirá cómo se hacen las cosas y os sugerirán que es muy fácil, y que tenéis que hacerle caso a ellos. Nunca podréis superar la valoración de los que os rodean respecto a cuidar al bebé. Siempre lo haréis mal según algunas personas, así es que…. haced lo que mejor os vaya a vosotros.

Los recién nacidos no son adultos en miniatura, ni se parecen a los niños más mayores. Es por esto por lo que os surgen dudas sobre la normalidad o no de las cosas que le pasan al bebé, que casi siempre no es *que le pasen*, sino que el bebé es así.

Relajaos, dejad seguir vuestros pensamientos y quered al bebé todo lo que podáis. Olvidaos de las opiniones y haced lo que creéis que debéis hacer, explorando lo que os dicen, por supuesto, pero valorando que sois los padres los que vais a criarlo. Que no os amarguen la crianza.

El vínculo, la conexión emocional entre los padres y el bebé, empieza en el embarazo o antes, pero no todos los papás y mamás hacen el vínculo de forma inmediata, algunos necesitáis días para ello, ya en casa. Tanto la lactancia materna como la artificial son momentos para aumentar el apego. Los bebés huelen a los padres y responden a la receptividad que sus padres tienen con ellos. Es una experiencia compleja y personal. No os agobiéis si no lo sentís *como dicen* que hay que sentirlo, algunos padres y madres tardáis más tiempo.

Creed en vosotros

Nadie va a querer más a vuestro bebé que vosotros, ni nadie lo va a saber cuidar mejor. No deleguéis en la gente ni confiéis en los libros de forma ciega. Si os fijáis, cuentan cosas tan distintas unos de otros que cómo para fiarse. La mayoría de los padres, madres y niños no están en esas posturas tan extremas, sino en medio, en la vida real. Y si buscáis libros de hace unos años (no muchos), además, dirán cosas distintas a las de ahora, y también lo decían de forma convencida. Todo es muy relativo. Informaos, practicad, escuchad, pero hacedlo vosotros. Cada nuevo niño o niña supone un nuevo aprendizaje, aunque se hayan tenido otros previamente. Explorad cómo es vuestro propio bebé, no intentéis que sea como los hermanos. Este bebé es único. Y puede que no sea como el de los anuncios, pero ¡para qué queréis uno así! Cometed errores, implicaos con vuestro bebé. No tengáis miedo a que os juzguen, lo harán de todas formas. Sois los que mejor conocéis a vuestro bebé. Sois sus padres (o madres). Sois lo mejor que tiene.

La pareja *colabora*

El padre o la pareja es fundamental para el bebé y para la madre. No debe ser una figura pasiva, sino formar parte del proceso y estar pendiente de realizar todo lo que pueda: ayudar al enganche a la madre, a cambiar los pañales, a manejar los temas burocráticos, etc. Debería ser un muro infranqueable respecto a las visitas. La actitud que muchas mamás por desgracia ven en su pareja, de persona pasiva respecto a los hijos, no corresponde a los varones, sino a los roles culturales que los varones han tenido hasta ahora.

El bebé es de los dos, y en muchas ocasiones es un miembro de una familia más amplia. Debido al desgaste que acarrea el cuidado del bebé, muchas parejas se resienten. Debe verse el cuidado del bebé como una etapa más de la pareja. No estoy de acuerdo con eso de que el padre se implique, que colabore. El padre o la pareja, o está implicado o solo puso el semen (o el óvulo). Y eso no es ser padre. Se puede conseguir lo mismo en una clínica de fertilidad.

Si tú, mamá, no tienes pareja, es aconsejable dejarse ayudar por familiares o amigos y amigas de confianza. Este viaje no tiene por qué hacerse en solitario.

Es mejor hablar sobre los problemas que ir guardándolos para que broten en otro momento. Hay que tener a un cómplice en el cuidado del bebé. No os tenéis que mirar el uno al otro, sino que los dos debéis mirar en el mismo sentido.

¿Cómo estimularle?

El mejor estímulo desde el nacimiento es acariciar al bebé, hablarle, cantarle y expresarle muestras de cariño, jugar con él. No hay que entrenarlo tan pronto a hacer nada, poco a poco su cerebro irá madurando. Una relación de cariño, respeto y atención a sus demandas son fundamentales para un buen desarrollo. Cómo os comportéis con él desde el principio tiene más importancia de la que parece. Los recién nacidos pueden ver, oír, sentir, oler, probar, chupar, tragar, seguir con la mirada a corta distancia y distinguir sonidos. Tratad de establecer contacto visual. Dadle masajes. Cogedlo. Acariciadlo. No lo dejéis desamparado cuando llore.

Guerra de expertos

Hoy en día hay, basándose en su único caso particular, todo el mundo opina de fútbol y medicina. Y de niños.

Los expertos son un producto de consumo más. Hay de todos los tipos y de todos los pelajes. Algunos se dedican a decir lo contrario de lo que hayan dicho los demás. Otros juegan a la ambivalencia para captar más mercado. Vosotros decidís.

Por otro lado, los famosos, no deberían ser fuente para tomar decisiones. En muchas ocasiones, sus criterios y sus escalas de valores son diferentes a las vuestras, y lo que ellos ven normal, no lo es. Además, hay que tener precaución con los consejos de expertos famosos, ya que muchos no tienen, fuera de la publicidad que hacen de ellos mismos, más que la capacidad de regalar oídos a los padres. Luego ellos y ellas hacen lo contrario de lo que venden. En general, la fama suele ser un arma de doble filo, no se asocia a buena práctica en algunas ocasiones. Si es lo que queréis, hay mucho donde elegir.

También es frecuente que los consejos y opiniones se centren en un tema, desoyendo el resto de cosas que le suceden al bebé, y que a los padres se os haga un mundo seguir todos y cada uno de los consejos que os llegan. Expertos en A solo hablan de A, y todo lo que no sea A les parece una ofensa; los entendidos en X lo plantean todo para llegar a X, y te dicen que a X se llega siempre siguiendo sus consejos. Luego, las autoridades en H miran todo lo relacionado con el bebé con ese filtro, para alcanzar una H exitosa. Cada cual tira para lo suyo, pero bebé solo hay uno (o dos, o tres), y resulta que es el vuestro. No se pueden cumplir todas las recomendaciones que existen, moriríais agotados. Nada de lo que se hace en medicina, ni en el cuidado de los niños, ni en la vida en general, es independiente de lo demás, y a veces no hay más remedio que hacer lo mejor posible según las circunstancias, en todas las situaciones que la vida nos plantea. Como dijo Voltaire, «lo mejor es enemigo de lo bueno».

Algunas cosas que pasan tras el parto

Desde el parto hasta la reaparición de la menstruación pasan de seis a ocho semanas, ese periodo se llama puerperio. Puede durar más con la lactancia materna, ya que la menstruación puede retrasarse (ya sabéis que no significa que tú, mamá, no te puedas quedar embarazada).

Tras el parto hay unas hemorragias que se llaman loquios, que van disminuyendo de intensidad posteriormente. Realmente son sangre con restos del revestimiento del útero, y también pueden llevar coágulos al principio, desapareciendo gradualmente. Si aumentan de forma brusca o huelen mal, debes consultar con tu matrona. También aparecen los entuertos, unos dolores abdominales llamativos por contracciones uterinas o por la oxitocina generada en la lactancia. Si llevas puntos por la episiotomía, normalmente no hay que quitarlos, desaparecen en 2-4 semanas. Cambia frecuentemente de compresas y sécate con papel suave dando toquecitos. Si el parto ha sido por cesárea, los puntos normalmente cicatrizan en cinco o seis días, y se suelen retirar varios días después, aunque la herida tardará aún un poco más en curarse por completo.

Estos cambios son normales y van pasando lentamente, no es parte de ninguna enfermedad y hay que vivirlos de la forma más tranquila posible.

Érase una vez cuando tenías sexo

Las relaciones sexuales con tu pareja pueden tener un momento de descenso en la frecuencia, por muchos motivos. Desde los puramente mecánicos del parto (episiotomía, puntos, cicatrices, loquios, etc.), hasta los del agotamiento físico y psíquico de las primeras semanas, pasando por una falta de deseo que poco a poco irá apareciendo de nuevo. Los pechos maternos pasan a ser ahora una forma de alimentar al bebé y su carga erótica pasa a un segundo plano.

Se recomienda esperar al menos a que desaparezcan los loquios y a que la herida, si la hay, haya cicatrizado, para la penetración (no tendría ni que decirlo). No todo es penetración, imagino que no hace falta que lo diga tampoco, os podéis adaptar a la situación con múltiples actividades sexuales. Querer mimos no tiene que acabar en una relación coital.

Los deseos e inquietudes pueden pasar antes por hacer la compra, limpiar un poco la casa, descansar y, especialmente, por dormir. A veces, tras conseguir dormir a los niños mayores o al bebé, los padres pueden volver a tener momentos de intimidad. Es lo que hay, si es que hay ganas. Suele ser más rentable dormir.

No está de más recordar que el bebé, en muchas de las ocasiones, se engendró tras un encuentro sexual, aunque su evocación sea ya difusa, en la noche de los tiempos.

Amamantar no es un método anticonceptivo. La *anticoncepción* durante la lactancia es un asunto muy importante. La lactancia materna provoca amenorrea y existe la creencia equivocada de que así no puede haber un embarazo, pero no es verdad.

¿Por qué todo el mundo me da consejos si no los pido?

Los cuidados del bebé están muy influenciados por la cultura donde nacen y viven, y hay muchas formas de cuidarlos. La puericultura no está muy basada en evidencias científicas, sino en creencias de que las cosas son buenas así, o al revés. Es por esto por lo que muchas de las cosas que se dicen pueden ser bastante opinables y por lo que os digo que, en muchos asuntos, hagáis lo que queráis con vuestro bebé, siempre que se cumpla alimentarlo, cuidarlo, confortarlo y quererlo mucho, mucho.

A veces tantos consejos pueden llegar a ser molestos, incluso es probable que los consejos que recibáis sean contradictorios, entre varios familiares presentes, o incluso de profesionales. Solo aumentan vuestro agobio.

Antes no se hacía así

Es frecuente que vuestros familiares o vosotros mismos, si tenéis más niños, digáis que esto o aquello *antes* no se hacía con los bebés. Desde la alimentación a la cura del cordón, van saliendo evidencias que obligan a modificar lo que se hacía, o bien, no hay evidencias, pero de alguna forma habrá que hacerlo. Esto es normal, no hay casi verdades que duren mucho, y en el mundo de los bebés, más aún. Hay muchos temas pendulares: estamos recomendando cosas casi contrarias a lo que se decía hace unos años, pero sabemos que, dentro de otro periodo de tiempo, puede que volvamos a lo anterior. El movimiento pendular en las recomendaciones es muy frecuente, por eso hay que tomarlas con cautela.

Las visitas en casa

Si el nivel de visitas en el hospital a veces es tremendo, esto puede ocurrir otra vez en casa. Los padres y madres tendréis que manejar este flujo de familiares y amigos, en beneficio del bebé, intentando que las visitas sean cortas y de pocas personas cada vez. Muchas veces los familiares no son conscientes de que los padres y el bebé necesitan tranquilidad y no deben estar pendientes de ser buenos anfitriones.

Por otro lado, si algún familiar está enfermo, con gripe, acatarrado, con un herpes, etc., no debería visitar al bebé hasta que se haya curado. El uso de gel hidroalcohólico para limpiar las manos, especialmente en el invierno, no es ninguna locura y solo os puede traer beneficios.

Unos consejos para vuestros amigos, que no están de más (como se lo digáis a ellos, depende ya del arte que tengáis), serían los siguientes:

• Que llamen antes de ir, avisando con días de antelación, no cuando están ya en la puerta.
• Que no permanezcan mucho tiempo.
• Que no cojan al bebé todos y cada uno de los que van.
• No hay por qué besarle, ni pasarlo de un lado a otro.
• No hay que despertarle para ver lo que es capaz de hacer.
• No hay que separarlo de la teta si está comiendo.
• No hay que aprovechar la visita para deciros cómo hacerlo todo, ni lo mal o bien que lo hacéis (si es lo bien, sí).
• A lo mejor es más adecuado pedirles que os ayuden en cosas concretas y que así, sientan que colaboran en algo.
• Siempre podéis recurrir a afirmar que *el pediatra ha prohibido las visitas*. La mayoría dirán que sí, que ellos lo dijeron.
• No ofrezcáis de comer, beber, etc. a las visitas, o no se irán nunca.

Si pese a esto, no se van, o no captan los mensajes, siempre podéis coger al bebé e iros a otra habitación, para que quede claro que queréis intimidad. No siempre funciona.

Alcohol y tabaco

Hay sustancias que, aunque socialmente estén aceptadas, no son buenas para el bebé. El consumo de alcohol es un gran problema en el embarazo. No debes tomar nada, mamá, no hay una dosis mínima segura. No existe. El alcohol puede provocar retraso mental en el bebé y hasta enfermedades de su corazón. Es un problema poco reconocido en nuestro país, pero de consecuencias muy importantes para la salud de los bebés. Y durante la lactancia materna es parecido: no deberías tomar alcohol. Pero si lo haces, debería ser muy ocasional y esperar más de dos horas hasta la próxima toma, para que no llegue al bebé, y más tiempo según lo que hayas tomado. Que la cerveza aumenta la producción de leche es un mito muy extendido, ya que realmente inhibe la salida de la leche. Tampoco deberías realizar colecho si tú o tu pareja habéis bebido alcohol.

Igual pasa con el tabaco. Aquello de que una fuma porque si no está nerviosa y es peor, no es más que una excusa de algunos para mantener a su clientela sin decirle lo que debería. Los bebés de madres fumadoras tienen, entre otras cosas, bajo peso para lo que les corresponde; esto, que os puede parecer una tontería, puede suponerle al bebé problemas a largo plazo, como obesidad, hipertensión y enfermedades cardiacas. Igual pasa si el padre es el que fuma en presencia de la mamá embarazada o del bebé. El humo de tabaco no aporta ningún beneficio a los padres ni a los recién nacidos, y menos aún a los fetos. En España, desde que se prohibió fumar en lugares públicos, ha descendido el número de fetos muertos y partos prematuros.

Si sigues fumando tras el parto, es más probable que tu bebé tenga algunos problemas como asma. Además, es un factor de riesgo para el síndrome de la muerte súbita del lactante. Tampoco se aconseja el uso de marihuana si estás embarazada o lactando.

¿Para cuándo el segundo?

Os van a preguntar pronto que «para cuándo el segundo», pero tranquilos, que si ya tenéis dos, os preguntarán por el tercero. Son frecuentes las frases tipo: «el segundo no son 1+1», «es más fácil criar tres que dos», «es mejor criarlos todos juntos» y cosas misteriosas de ese estilo que cuando tienes el segundo bebé, se transforman en dichos para el tercero, y así sucesivamente.

Diferencias entre el primer y el segundo bebé

Aunque se dice que se quiere igual al primero que al segundo hijo, al menos también es una gran verdad que no se les trata igual. Muchos papás pasáis de leeros todos los libros preparto que existen, (que parece que estéis haciendo una oposición, no llevando un embarazo), a no leeros ni los informes del pediatra con el segundo; con el primero intentáis llevar el embarazo de la forma más estricta (cuánto y qué comes, cuánto descansas, qué suplementos tomas, etc.), pero con el segundo uno va más relajado y vive mejor. Con el primer bebé se suele rellenar el álbum del recién nacido incluso antes de que nazca, con el segundo, el bebé va ya por los tres años y aún no se han rellenado las primeras hojas. Otra forma de verlo es con el número de fotos: el primer bebé tiene plasmado en formato digital todos sus momentos, casi minuto a minuto, de forma que no hay vida suficiente para repasar esas fotos alguna vez. Si con el primero gastáis, por ejemplo, uno o dos discos duros, con el segundo no llegáis ni a un CD. La mayoría de los productos que comprasteis con el primero y que luego no valían para nada, ahora los tenéis guardados en un cajón. Los segundos hijos también sirven para daros cuenta de cuántas tonterías os han contado con el primer bebé, y lo que es peor, a cuántas hicisteis caso.

El lavado, los pañales, la ropa

Se dice que el aseo del bebé debe ser un momento tranquilo para fomentar la relación con él. Este y todos los momentos.

La bañera y la temperatura

El agua debe estar a una temperatura agradable, pero no demasiado caliente. No hace falta llenar la bañera, con 10-15 centímetros de profundidad es más que suficiente. Muchos padres metéis el codo para ver si os quema. También hay termómetros de baño para que compréis cosas innecesarias: acabaréis metiendo el codo o la mano. La bañera debe ser resistente, sin partes que puedan erosionar la piel del bebé, ni con ningún agujero por el que el bebé pueda meter un dedo; y debe estar en una estructura o superficie que no pueda volcarse.

¿Hay que bañarlo todos los días?

Pues depende, si queréis, sí, pero también los bañan cada dos días muchos papás y mamás, o incluso cada más tiempo, y es lo mismo. No hay pruebas claras de cada cuánto hay que bañar a un bebé, es algo cultural. Lo que sí se sabe es que bañarlos varias veces al día no es bueno para su piel.

Si lo vivís, el bebé y vosotros, como algo agradable, lo haréis más. Si os estresáis, lo haréis menos. A veces no es como en los anuncios de la televisión, a algunos bebés no les gusta y hay que medio pelearse con ellos.

Cuando pasen varios baños, tendréis más habilidad para hacerlo. Debéis usar una esponja blanda, y si queréis jabón neutro, y secarlo sin frotarlo. Es importante no dejar zonas húmedas, en especial, en los pliegues de la piel.

En muchas guías se dice que el baño debe durar casi segundos, como mucho escasos minutos. No estoy de acuerdo. Deberá durar el tiempo que vosotros y el bebé queráis. Cuánto más tiempo, eso sí, más fácil que haga una deposición en el agua. El resultado es curioso, ya lo experimentaréis.

Y luego iréis más rápido.

¿Hay que bañarlo de noche?

Se puede bañar cuando vosotros decidáis, no tiene que ser por la noche. La habitación debe estar a una temperatura confortable, sin corrientes de aire ni ruidos. Y el suelo mejor que no esté mojado ni con alfombras con las que podáis resbalaros al sacar o meter al bebé en la bañera.

Una cosa muy importante y obvia: no debéis dejar nunca al bebé solo en el baño. Ni de recién nacido ni durante los primeros años de vida, ya que en las bañeras los bebés se ahogan.

Si se usa un cambiador, deberíais tener todo a mano antes de poner al niño encima. Hay que evitar a toda costa que el bebé se caiga de él. También puede usarse como cambiador una cama con una toalla, no es estrictamente necesario. Existe además el modelo bañera-cambiador.

Se pueden utilizar lociones hidratantes después del baño si la piel es especialmente seca. Se recomienda aplicarlas cuando la piel permanece aún húmeda tras el secado.

¿Se puede mojar el cordón umbilical?

Oiréis que no se puede realizar un baño completo del bebé hasta que no se haya caído el cordón umbilical; en muchas guías aún se dice eso, pero no hay ninguna razón médica real para esperar hasta ese momento. Se puede bañar entero desde las primeras horas tras el parto, es mejor para la higiene del cordón. Lo que sí es seguro es que después hay que secarlo bien, no debe quedar húmedo.

¿Se pueden cortar las uñas?

Por poder, se pueden cortar cuando uno quiera, pero que hay que saber hacerlo, porque las uñas de los bebés están muy pegadas a su base y es fácil lastimar el dedo. Lo recomendable es no apurarlas mucho. La opción de limarlas también existe. Las de los pies se deben cortar rectas. Existen tijeras de bordes romos. Suerte.

No seas un padre *orificial*

No deben usarse bastoncillos ni otros utensilios para explorar los conductos auditivos de los niños o las fosas nasales, tratando de limpiarlos. Dejadlos tranquilos, no os obsesionéis por meter cosas en los agujeros del bebé (en la nariz, en el ano, en los oídos, en el ombligo).

Los ojos se limpian de dentro hacia fuera (desde la nariz hacia fuera), no hay que meter nada en los oídos, solo secar la parte externa.

Cremas

No es necesario echarle cremas a los bebés, aunque no dejen de deciros que sí. Si les echáis crema en el culete cuando están normales, no digo nada cuando se irriten... ¡toda la vida poniendo cremas! Tampoco está recomendado usar talco, no es inofensivo; se ha relacionado con problemas neurológicos a largo plazo y con problemas en sus pulmones si lo aspiran.

Es posible que la piel de vuestro bebé, al nacer, se haya cuarteado y descamado. No mejora por ponerle crema hidratante los primeros días; poco a poco volverá a la normalidad, pero si queréis, no pasa nada por echársela.

¿Cómo se cambia un pañal?

Los pañales tienen solo una posición para ser puestos de forma correcta, pero nadie, ni el más experto, los pone siempre bien. Es más, cuando menos te lo esperas, lo has colocado mal. Es importante cambiarlos frecuentemente, porque la humedad y las heces irritan la zona del pañal y les causan problemas, ya sean pañales de tela o de los desechables.

Para cambiarlo, lo primero es preparar todo lo que os va a hacer falta. Otro pañal, agua y jabón o toallitas para limpiarlo y una toalla para secarlo. Buscad una superficie firme para colocar al bebé, con cuidado de que no se os caiga. El pañal tiene dos cintas adhesivas a los lados, que se cierran hacia adelante sobre el bebé. Después de limpiarlo, levantadlo por las piernas un poco, sujetándolo por los tobillos y meted debajo el pañal limpio ya abierto y en la posición aparentemente correcta, que es con la zona de los adhesivos en la parte de arriba del pañal y bajo el bebé. Cerrad el pañal sobre sus genitales y usad los adhesivos de los laterales para abrazar al propio pañal que acabáis de subir para cerrarlo. No debe quedar en tensión ni más apretado de un lado que de otro, para no causarle incomodidad. El pañal hay que dejarlo debajo del cordón umbilical, para que este se seque antes. Después hay que lavarse las manos. Muchos bebés tienen la costumbre de hacer caca en un pañal recién puesto. Es lo que hay.

Una cosa con la que hay que tener precaución es con la orina. Muchos bebés orinan justo al quitarles el pañal; los varones, en concreto, pueden orinar en erección (a esta edad, más tarde no), lo comprobaréis más pronto que tarde.

Deposiciones

Es un tema de mucha importancia para los padres, aunque tengo que deciros que menos para los pediatras. Un bebé, antes de irse de alta, tiene que haber realizado varias deposiciones. Estas primeras deposiciones son de una sustancia llamada meconio, y son negras y pegajosas. Están formadas por todo lo que el bebé ha ido tragando dentro del útero, la mayor parte líquido amniótico con células descamadas y su propia orina. Como ventaja insuperable, no huelen.

Durante 2-3 días, estas deposiciones van cambiando a otras más verde-amarillentas, de tránsito; posteriormente son amarillentas y grumosas. El número de deposiciones es muy variable y depende de muchos factores. Si el bebé toma leche materna, suele tener hasta una deposición por toma, incluso durante la toma (las mamás notan como un calambre que recorre todo el cuerpo del bebé) y son más líquidas; si es fórmula artificial, suelen hacerlo en menor cantidad y las heces son más consistentes y de peor olor. Es bastante difícil que se les salga del pañal las heces si toman fórmula; si toma leche materna, es más frecuente. Llevad varias mudas al salir, por si acaso.

Veremos después qué cosas hay que vigilar en las heces que tienen mucha importancia.

Ropa

El bebé debe usar ropa amplia, que permita el movimiento fácil, evitando lazos, cordones y botones, que pueden ahogarlo. Es frecuente que tengan las manos y los pies fríos, sin que signifique que el bebé tiene frío. Por mucho que lo abriguéis, tendrá las manos frías.

Deben llevar, como regla práctica, como mucho, una manga más que los padres. Si los padres tenéis calor o frío es probable que los bebés también.

A la hora de lavar la ropa, es mejor evitar detergentes y suavizantes agresivos, utilizar aquellos neutros y aclarar bien. La ropa de recién nacido pronto dejará de serle útil, por lo que mejor que compréis u os regalen ropa para otras edades, además de la de recién nacido.

El cordón umbilical

El cordón umbilical os suele dar repelús tocarlo e incluso mirarlo, pero es el medio por el que vuestro bebé se ha alimentado y ha respirado hasta el parto, pero ya ha cumplido su papel. También a través de él le han pasado la gran mayoría de las defensas inmunológicas que la madre le da al bebé. *Al bebé no le duele, no tiene terminaciones nerviosas.*

Debe lavarse diariamente con agua y jabón, y dejarlo luego secar al aire. No usar polvos ni fajas. Es posible que os hayan dicho que hay que ponerle alcohol de 70°, clorhexidina e incluso povidona yodada (Betadine©), pero las evidencias más recientes dicen que la cura con agua y jabón es mejor que las otras, el cordón se infecta menos y se cae antes. Además, es más práctico, agua y jabón hay en todos sitios. En casos donde la higiene no sea muy buena, se recomienda usar clorhexidina al 4%. La povidona yodada puede alterar el tiroides del bebé, no debe usarse.

¿Cuándo se cae?

Entre los tres y quince días, más o menos. Lo que hay que vigilar es si se enrojece en su base, si tiene alguna secreción, huele mal o es doloroso al tacto en la base. En ese caso debéis consultar con vuestro pediatra. Si llega al mes de vida sin cambios, consultad con vuestro pediatra.

No es conveniente intentar quitar la pinza o cortar el cordón en casa.

¿Por qué llora?

Los bebés expresan muchas cosas mediante el llanto. Nosotros también lo haríamos si no fuera porque nos da vergüenza.

Justo al nacer el llanto os puede parecer música celestial, lo más bonito que vuestros oídos han procesado nunca, pero pasados los días, puede que tengáis otro calificativo para ese llanto. Dolor, miedo, hambre, calor, frío, inseguridad, etc., hay una gama grande de emociones que el bebé traduce en llanto. Incluso por exceso de estimulación pueden llorar.

Aunque venden aparatos que decodifican el llanto, ya os digo que son una patraña. A veces se encuentra la causa del llanto intentando cubrir sus necesidades básicas: alimentarlo, cambiarle el pañal, descubriendo algo que le incomode de la ropa, acunándolo, etc. Si un bebé se calma de estas formas, es probable que el llanto tuviera algo que ver. Coged en brazos a vuestro bebé, por favor.

Puede que el bebé pida pecho por otros motivos, que no sea solo por hambre, sino por consuelo, sed, etc. Retrasar el tiempo hasta ponerlo al pecho no tiene ningún sentido. El bebé no tiene que aguantar ningún horario si tiene la necesidad de alimentarse, de sed o de que lo cojan. Nunca dejaríamos llorar a un adulto sin intentar consolarlo. Imaginad que un adulto llorara por miedo a estar solo. ¿No le ayudaríais? No lo hagáis con vuestro retoño.

Pero puede intentarse todo y que el bebé siga llorando. Es habitual que de recién nacido tenga periodos de llanto, pero si tras comprobar todo lo anterior el bebé no se calma, pensad en acudir a su pediatra para valoración. El uso de gotas de dimeticona y otros productos antigases son de muy dudosa eficacia. Por no decir nula.

Esta situación, la de un bebé tan pequeño que no entendéis ¡cómo puede llorar tanto!, puede minar vuestra confianza, crearos estrés y hacer que la irritabilidad sea la tarjeta de visita en vuestra casa, con pensamientos sobre el cuidado que le estáis dando y si es correcto o todo lo contrario. En ocasiones es bueno probar con la pareja u otro familiar para ver si se calma. Los bebés detectan a los padres ansiosos y se forma un círculo vicioso.

Algunas personas creen que el llanto de los recién nacidos y lactantes pequeños es un medio que tienen para manipular de forma malévola a su entorno. Pero no es así, solo expresan sus necesidades, que las tienen, y muchas. Le daréis afecto y confianza si respondéis a ellas.

Una lista de cosas para probar cuando un bebé llora de forma insistente podría ser:

- Alimentarlo.
- Mirar los pañales y cambiarlos si están sucios.
- Intentad dormirlo.
- Cogerlo en brazos.
- Quitarle ropa si está muy abrigado.
- Verle la piel y su comportamiento por si parece enfermo.
- Comprobar su temperatura.
- Hablarle tranquilamente, acariciándole suavemente.
- Examinarlo en busca de dolor testicular, una hernia, algún pelo que le estrangule un dedo, etc.
- Permitid que una persona con menos ansiedad lo coja, darle un paseo.
- Algunos bebés se calman con los ruidos monótonos de una lavadora o una aspiradora.
- Algunos bebés se calman al pasearlos en coche. Parece raro, pero sucede.
- Si estáis desesperados y no funciona nada, buscad una forma de daros un respiro. Dejad al bebé en un lugar seguro y alejaos para intentar calmar la ansiedad.

Nunca, nunca, nunca, sacudáis al bebé ni lo zarandeéis. Cuando alguien, debido al estrés que el llanto puede provocar, sacude bruscamente al bebé, puede producirle lesiones cerebrales graves e incluso la muerte. Es un tipo de maltrato, el síndrome del bebé zarandeado. La cabeza se mueve de acá para allá y el cerebro se desplaza dentro del cráneo, produciéndoles lesiones. Si sentís que estáis perdiendo el control de la situación, deteneos, poned el bebé en un lugar seguro e intentad que otra persona se haga cargo del bebé mientras os calmáis. Haced algo que os guste, alejaos unos minutos. Intentad calmarlo de nuevo después.

Si aun así persiste, acudid al pediatra. Muchas veces, en el coche, deja de llorar. Y al llegar, de madrugada, está plácidamente dormido.

El famoso cólico del lactante

Nadie sabe por qué sucede. Por eso mismo, por no saber exactamente por qué suceden esos episodios de llantos desde los quince días hasta los cuatro meses, de predominio por la tarde-noche, los tratamientos son múltiples y variopintos, lo que suele significar que ninguno es muy bueno. Ya hablamos sobre el llanto en el capítulo *¿Por qué llora?*

Os dirán que el cólico del lactante es por gases. Los gases, de existir, no son la causa del cólico. Un niño que tiene *gases* los primeros días, lo que suele tener es mucha hambre; quizá llora tanto que al comer tiene mucho gas en el estómago, pero el llanto no era por el gas. Es tan difícil descartar otras causas, como una torsión testicular o una meningitis, que el llanto inconsolable, aunque sea por la tarde-noche, debe ser evaluado para descartar otras enfermedades.

La repetición de este patrón, a partir de las dos semanas de vida, sin enfermar el bebé en el resto del tiempo, acerca al diagnóstico de cólico del lactante, aunque aún es posible que el famoso cólico se deba a otras cosas si se extiende en el día, como a una alergia a las proteínas de la leche de vaca o a una enfermedad por reflujo gastroesofágico.

Es también conocido que el cólico del lactante es más frecuente en padres primerizos, nerviosos y ansiosos; es muy posible que los padres veteranos lo manejen en casa sabiendo lo que se traen entre manos.

No hay ninguna medicación de eficacia demostrada para esto. Algunos hacen masajes abdominales y otras técnicas de fisioterapia, pero la eficacia de estos métodos es dudosa. Otras veces, cogiéndolo en brazos o realizándole movimientos circulares con sus piernas dobladas sobre el abdomen, algunos bebés se calman. Las medicinas que se han usado, como los carminativos, pueden provocar intoxicaciones; los antihistamínicos no deben darse porque lo único que consiguen es sedar a los niños. Existen métodos variopintos de masajes y pseudoterapias que dicen que lo quitan, pero no deben ser muy buenos cuando seguimos diciendo que no tiene tratamiento. Es cierto que al hacer algo los padres, parece que el bebé mejora. Algunas personas tienen un método secreto que solamente revelan a sus más allegados, como si fuera la fórmula de la Coca-Cola, y que en el fondo son productos peligrosos que lo que hacen es dormir al bebé.

Dicen que pasear al niño en coche mejora el cólico. De noche. Hasta que lo lleváis al hospital y allí no llora. No será la única vez que vuestro bebé haga cosas así.

En cualquier caso, si sospecháis que puede deberse a algún problema de salud, debéis consultarlo con un pediatra, especialmente ahora, en el primer mes de vida.

¿Cuándo puedo sacarlo a pasear?

Salvo indicación médica, podéis y debéis salir a pasear con el bebé. Es bueno para él y para vosotros, tenéis que salir de lugares con cuatro paredes y sentir el aire en la cara y la luz del sol.

Pero hay que evitar sacarlo a toda costa si las condiciones meteorológicas no acompañan o en las horas centrales del día en las épocas calurosas. En esto hay que aplicar un poco el sentido común (que ya sabéis que significa que hagáis lo que queráis, porque, por poder, se puede sacar al bebé también en esas circunstancias, vosotros asumís los riesgos). Es muy necesario usar barreras de protección para evitar la exposición directa al sol.

A ti, mamá, además te vendrá bien para la recuperación del parto, y al bebé también. ¡A la calle!

Abrigo

Los bebés tienen el mismo frío y calor que nosotros, si los abrigáis en exceso solo podemos tener problemas. Se ven muchos bebés hasta con fiebre, irritables, desesperados, por el exceso de ropa que llevan por la calle, sin que los padres y madres se den cuenta. Al sacarlos del carrito, dejan de llorar y se les echa la culpa a los brazos, cuando lo que pasaba era que el bebé se estaba «cociendo». Abrígalo como te abrigas tú.

Si lo saco de paseo se va a poner malo

Es más fácil que se contagie de algo en un sitio cerrado, como la casa, con las visitas besándolo, etc., que en la calle. Pensadlo, el frío no produce los resfriados, y la gente que os pueda parar no se acerca tanto. Lo que no es aconsejable es llevarlo a sitios con grandes aglomeraciones de personas, que no deja de ser lo mismo que estar en casa con muchas visitas, como los centros comerciales.

¿Qué llevar?

Además de al bebé y su sistema de transporte, pensad en las cosas que os puedan hacer falta, para no tener que volver a por ellas. El paseo puede durar el tiempo que queráis. Alguna muda, pañales, y si le das leche artificial, lo necesario para prepararla. Si le das el pecho, no es necesario preparar nada y nunca se te va a olvidar echarlo, ni necesitarás nada extra.

Cochecito

Lo ideal es que sea el que mejor os venga a vosotros, no el mejor para todas las personas del mundo. Aquí no hay un *mejor del todo*.

Hay muchas marcas, y en determinadas tiendas, casi te obligan a comprarlo de una marca en concreto, pero intentad resistir a la tentación y no os dejéis llevar por las modas. En unas semanas el cochecito es posible que huela un poco a vómito seco, lleve bolsas de la compra colgando, tenga rozaduras, etc., y que pierda parte de su *glamour*.

Muchos de los cochecitos actuales son un chasis sobre el que se pueden poner el capazo y luego el asiento, a medida que el bebé crece. El capazo debe tener un sistema de retención del bebé, para que no salga volando si os tropezáis llevándolo.

El coche que más os va a gustar a la larga, debe tener estas tres características:

• Que se pliegue bien, fácilmente.
• Que quepa en el maletero de vuestro coche.
• Que se mueva con suavidad incluso con una mano.

Todo lo demás es menos importante.

El capazo debe ser rígido y acolchado. El chasis debe tener frenos, que las cuestas son traicioneras. No conviene usar el carrito como soporte para llevar las bolsas de la compra, el bolso, atar al perro, etc., ya que en ocasiones se va perdiendo el miedo y acaba volcando. Cuando crucéis una calle, intentad no poner el cochecito por delante, puede ser arrollado si alguien no lo ve o se salta un semáforo. En los escalones y desniveles, cuidado con el carrito.

Porteo

También se puede transportar al bebé encima, en una mochila porta-bebés o un pareo, siempre que sean ergonómicos. Esto os da más movilidad y os deja las manos libres. Pero cuidado, en este mundo también hay mucho *marketing* y se le atribuye a cada porteo en concreto casi propiedades mágicas. Pocas veces se dice que portear al bebé mientras se cocina es un riesgo tan grande que no debería hacerse.

Sistemas de retención infantil

Los bebés deben ir siempre en sillas de seguridad cuando viajan en el automóvil, por muy corto que sea el trayecto. Deben ser homologadas y acordes a su peso y estatura. Hay varios sistemas de retención, aunque a lo largo de los años han ido cambiando los requisitos, por lo que esto es solo una referencia actual.

Para un bebé recién nacido, el *grupo 0* es más que suficiente, ya que vale hasta los 10 kilogramos (unos 9 meses). Si compráis el *grupo 0+*, vale hasta los 13 kilogramos (más o menos hasta los 15 meses). Estas sillitas son conocidas como *maxicosis*. Deberéis tener una preparado, a no ser que os llevéis al bebé andando desde el hospital. En ningún medio de transporte debería ir fuera de una sillita. Por desgracia, es frecuente ver a bebés en brazos de familiares en los asientos de los coches. Si hay un frenazo, es imposible retenerlo con los brazos, su peso se convierte en cientos de kilogramos que se podrían estrellar contra el cristal o el asiento.

Debéis llevarlo en el asiento trasero del coche, pero siempre en el sentido contrario a la marcha. Si va delante, porque no haya posibilidad de llevarlo atrás o los asientos estén ocupados por otros niños, recuerda desactivar el airbag del acompañante, si salta podría dañarlo.

Os tenéis que asegurar si el *maxicosi* que vais a usar en el chasis del cochecito de paseo se ancla bien a vuestro coche. Hay que comprobar que la silla está bien anclada y el niño bien sujeto, su seguridad y la de todos los que van en el coche puede verse afectada. El día el alta de la maternidad, puede que no sepáis colocar la silla. Es imprescindible seguir las instrucciones previamente, o que alguien os ayude, porque en su primer viaje, el juego ya ha comenzado.

Y nunca dejéis solo al bebé dentro del coche, por favor.

La habitación del bebé

Lo mejor, a mi entender, es que su verdadera habitación sea la vuestra durante el primer año. Se puede instalar una cuna, un moisés, etc., o bien dormir con vosotros, lo veremos más adelante en el tema del colecho.

La cuna

La cuna debe tener un colchón duro y sin florituras ya que la mayoría de los adornos pueden provocar asfixia si el bebé tiene mala suerte. Igual pasa con los juguetes. Barnices y pinturas no tóxicos, con bordes romos, y que sea estable. Hay que evitar ponerla cerca de lugares desde lo que pueden desprenderse cosas, como una estantería, o un cuadro de la pared.

Las cunas homologadas tienen unas dimensiones mínimas en cuanto a altura, e incluso de distancia entre los barrotes, para evitar que el niño meta la cabeza y se le quede atrapada.

Se recomienda no usar almohada hasta los dos años, por riesgo de asfixia. Entre el colchón y los laterales de la cuna no deben quedar más de dos centímetros, por riesgo de que quede atrapado un miembro.

Creo que la cuna debe estar en vuestra habitación, para estar cerca del bebé.

El moisés

El moisés es una especie de cuna más sencilla, sobre una estructura de madera o metal, normalmente con ruedas. Yo creo que el moisés debe estar donde estéis vosotros, mientras el bebé está durmiendo. ¿Para qué queréis separaros de él?

Colapso neonatal, muerte inesperada y síndrome de muerte súbita

Siento tener que hablar de esto, pero para no agobiaros tenéis que saber que estas cosas pasan, y entender un poco los términos, ya que no significan lo mismo; os ayudarán, además, a comprender unas cuantas de las recomendaciones que los pediatras hacen. Y muchos temas relacionados con vuestro bebé tienen de fondo estos términos, para asustar, para daros miedo o para justificar que hagáis o no algunas cosas.

Una muerte súbita inesperada es la muerte de un bebé en la que no se encuentra una causa inicialmente de forma rápida. Aquí entran muchos casos, por ejemplo, los bebés que tienen una enfermedad que hubiese pasado inadvertida, o bien aquellos que fallecen asfixiados por sábanas en la cuna.

Dentro de estas muertes súbitas inesperadas ha surgido una nueva entidad, llamada colapso neonatal, en la que un bebé mayor de 35 semanas, que ha nacido bien, fallece de forma repentina en la primera semana de vida, muchos de ellos en las primeras horas de vida, mientras están haciendo el piel con piel con su madre o padre. No se sabe la causa, pero en algunos casos está relacionado con la postura boca abajo sobre la madre y con asfixia al no poder respirar. Acordaos que dijimos que el piel con piel hay que hacerlo bien, y que debe haber siempre alguien vigilando a la madre y al bebé, especialmente si ella está muy cansada o ha sido sedada. Por esto se dice. Cada vez se ve más.

También es una muerte súbita inesperada el síndrome de la muerte súbita del lactante (SMSL). Es una muerte inesperada, pero no se encuentra la causa tras una autopsia completa, entrevistar a los padres y reconocer la casa (ir a mirar la casa para ver si hay algo sospechoso). Si no se hace una autopsia completa ni se examina la casa, no se puede llamar SMSL. *El SMSL es la principal causa de muerte de los bebés mayores de 1 mes*, hasta el año, pero *también se da en recién nacidos*. Cada vez se sabe más que estos bebés tienen alteraciones en su cerebro, en las zonas que regulan la frecuencia cardiaca y la respiración. Pero también se sabe que se necesitan más cosas para que el bebé fallezca, por eso existen los factores de riesgo, que vamos a ver. De todas las muertes inesperadas en recién nacidos, la mitad son por SMSL.

¿Hay algún factor de riesgo? Los siguientes son los más importantes:

• Dormir boca abajo.

El principal factor de riesgo para el SMSL. Desde que se recomendó dormir boca arriba, el SMSL ha bajado muchísimo. Dormir de lado no protege, aunque mucha gente lo diga. El bebé tiene que dormir boca arriba, no se va a ahogar por eso.

• Tabaquismo en los padres.
• Consumo de alcohol y otras drogas.
• Sobrecalentamiento del bebé en la cuna.

Debe dormir con ropa ligera y a una temperatura no mayor de 20° en la habitación.

• Juguetes y almohadas en las cunas.
• Compartir la cama con los adultos.

Aunque os parezca raro porque os habrán dicho que no, que no trae ningún problema, el colecho no se recomienda en los tres primeros meses de vida. Tendréis que decidir vosotros.

• Compartir la cama con hermanos.
• Superficies blandas donde el bebé duerme.

El colchón debe ser firme. No se recomienda hacer colecho en sofás, sillas ni en otras superficies.

• La prematuridad y el bajo peso.
• La obesidad mórbida de los padres.

Además del SMSL, muchos bebés con muerte súbita simplemente se *asfixian* con la ropa de cama, o al colar la cabeza por el hueco de la cama, o un adulto los aplasta. *No es SMSL, pero se muere igual*, que es lo importante, y cada vez hay más casos. Por eso es conveniente evitar las almohadas y los juguetes, ya que solo pueden provocar la asfixia del bebé. Los pulpitos para los recién nacidos son una moda peligrosa, falta de todo tipo de evidencia y van en contra de las recomendaciones de seguridad en el sueño de los bebés. Aunque os hayan vendido lo contrario.

Para evitar la asfixia con la ropa de cama, una estrategia es vestirlo con pijamas térmicos sin usar otro cubrimiento, ni sábanas ni nada.

Veis que muchas de estas recomendaciones sirven para el SMSL y para la muerte por asfixia en la cuna o en la cama.

¿Siempre boca arriba?

Pues *cuando duermen, sí*, pero el resto del tiempo debe estar en otras posiciones. La mejor, en vuestros brazos. Cuando están tanto tiempo boca arriba, se les va deformando la forma de la cabeza, de modo que, en la parte posterior, un lado queda plano. Esta es la llamada plagiocefalia postural.

¿Se puede hacer algo más?

La lactancia materna y el uso del chupete son factores que disminuyen el SMSL. *Pero no la asfixia en la cama o en la cuna.*

¿No se ahogará boca arriba?

Estando boca arriba hay menos riesgo de ahogarse que boca abajo. Boca arriba, la entrada a las vías respiratorias queda arriba, y el esófago, por donde entra la comida y salen los vómitos, abajo. En esa posición, la gravedad contribuye a que los alimentos no ingresen a las vías respiratorias. Si está boca abajo, es justo al revés.

Es que estuvo ingresado y allí lo tenían boca abajo

Algunos bebés, especialmente los prematuros, están más confortables boca abajo en algunos momentos; es fácil verlos así durante su estancia hospitalaria, pero deben acostumbrarse antes del alta a estar boca arriba.

Es que a mí me han dicho...

Es que a mí me han dicho… no. Deben dormir boca arriba, no de lado. Es una de las medidas más eficaces para prevenir el síndrome de la muerte súbita del lactante.

Esto es un ejemplo de la información que se da en el ámbito sanitario sin ser correcta: es muy frecuente que se les diga a los padres que *de lado*. La recomendación *de lado* hace ya muchos años que se cambió porque acababan boca abajo.

Colecho

Por colecho se puede entender que el bebé duerma a vuestro lado en una cuna, o bien, que duerma dentro de vuestra propia cama. No es lo mismo. Mi opinión es que la mejor forma de contactar con vuestro bebé es dormir con él, si vosotros queréis. Desde el principio, se mejora la lactancia materna y es más duradera. Y si no hay lactancia materna, se disfruta de él. Pero haced lo que vosotros decidáis, conociendo los riesgos.

Llevarlo a otra habitación a que llore, o dejarlo después con un objeto que os sustituya no me parece ni ético ni correcto, pero si os va bien, adelante.

Algunos papás y mamás no dicen que hacen colecho por el miedo a ser juzgados, porque siempre habrá alguien al que no le parecerá bien cualquier cosa que hagáis.

Estando el bebé boca arriba o poniéndose de lado enfrentado a la madre, es capaz de mamar más veces sin apenas despertarla, más por la noche. Pero el colecho también es cosa de hombres.

Eso sí, es cierto que el colecho puede aumentar el SMSL, la asfixia y la estrangulación, al compartir cama, especialmente si no se hace bien. Con la ropa de cama, contra el cabecero, contra la pared, aplastado por un adulto, etc., el bebé podría asfixiarse, y eso no es un SMSL, es una asfixia. En eso, la leche materna tiene poco o nada de protectora, y dormir boca arriba, tampoco. A veces, se dicen cosas como que si se hace colecho, pero algo que lo proteja, el riesgo *se anula*, y no es verdad. La asfixia sigue. Por esto, muchos padres y madres optan por alimentar al bebé y volver a colocarlo en la cuna, en la propia habitación.

Si se siguen una serie de normas básicas, se puede compartir la cama con el bebé, aunque no se aconseja en menores de tres meses. El colecho es más peligroso para el SMSL si además tenéis alguna de estas cosas, que también aumentan el riesgo de asfixia:

• Si sufrís obesidad mórbida.
• Si tomáis alguna droga, incluido el alcohol y el tabaco. No me refiero a que fuméis en la cama, basta con fumar. Por eso no entiendo que se diga que se puede dar leche materna y fumar.
• Si sois más de tres en la cama.
• Hay otros niños dentro, o no va a dormir con sus padres.
• Dormís con animales.
• Tampoco es seguro hacer colecho durmiendo en un sofá o en una silla.
• Si el bebé es prematuro o tiene problemas importantes de salud.

El bebé debe dormir con ropa ligera, no debe estar acalorado, en una habitación que no esté a más de 20°, con la cabeza libre, sin que se le tape, y con una superficie firme, sin edredones pesados, almohadas, peluches, ni mantas, etc. Hay que asegurarse que no haya huecos entre el colchón y el armazón o somier por donde el bebé quede atrapado.

Existen cunas tipo sidecar que hacen que coger al bebé sea muy fácil durante la noche, pero en superficies separadas, sin aumentar el riesgo de problemas.

El colecho, como muchas de las decisiones que se toman con el bebé, es una opción, con sus luces y sus sombras. Si decidís hacerlo, que sea bien, minimizando los riesgos conocidos de síndrome de muerte súbita del lactante o de asfixia. En caso contrario, es aconsejable dejar al niño en la misma habitación cerca de vuestra cama.

Venden unos aparatos llamados posicionadores de suelo, que son unos sistemas con forma de cuña para que el recién nacido no se dé la vuelta. No están recomendados, y han causado problemas de asfixia en algunos bebés.

Es bastante fácil: nada en la cuna, boca arriba cuando duerme, en vuestra cama si asumís los riesgos.

Los brazos
y los celos

Hay una tendencia a decirles a los padres y madres que no cojan a sus hijos, porque se acostumbran a los brazos. Como si eso fuera malo, como si fuera algo que hubiera que evitar a toda costa. No conozco ningún caso de alteraciones psicológicas o conductuales de niños o adultos porque sus padres los cogieran mucho en brazos, pero sí de alteraciones, incluso graves, porque nadie los tomó nunca o no tuvieron quién les diese afecto. A los bebés les gusta que los cojan y los abracen, como a los adultos.

Lo que no se aconseja es quedarse dormido o dormida con el bebé en brazos, en un sofá o un sillón, como dos bellos durmientes, porque se asocia a mayor riesgo de muerte súbita por asfixia. Ningún niño llega a adulto durmiendo con sus padres, delinquiendo porque lo tomaron mucho en brazos o porque tomó teta hasta los cuatro años.

Si lo cogéis mucho en brazos se acostumbrará a ser bien tratado. Y, además, da mucho gusto.

Los celos

Los celos pueden aparecer por parte del padre, de los abuelos, abuelas y también por los hermanos y hermanas. Estos últimos, los celos de los hermanos, son los únicos reconocidos en nuestra sociedad y no son inevitables. No ayuda hablarle continuamente del hermano y sí contarle como lo esperasteis también a él. Hay que volcarse con el resto de los hermanos y no ignorarlos. No hay que hacerles sentir que ellos ya no son queridos o que van a ser sustituidos; si no se lo hacéis ver, puede que no lo sepan. A veces lo piensan porque de verdad pasa eso, que se les ignora mucho. Haciendo que colaboren en el cuidado del nuevo miembro de la familia, se logra muchas veces un acuerdo satisfactorio. En otras ocasiones, las actitudes que deben cambiar son las de los padres y familiares. Y eso cuesta más reconocerlo.

Los percentiles de crecimiento

El crecimiento de los bebés es muy variable, no crece mejor el que más peso gana o el que tiene una longitud mayor. Cada bebé tiene un ritmo de ganancia de peso y longitud, y se suele mantener fiel a ese ritmo, con variaciones. Ese ritmo, el de cada uno, es lo que los pediatras miden con los percentiles, que vienen a ser una clasificación en el tiempo de dónde estaría el bebé si se comparara con otros similares en edad y sexo.

Por ejemplo, un percentil 20 de peso en un niño quiere decir que hay solo 20 niños con menos peso que él, y esto no significa absolutamente nada de forma aislada. Es igual de bueno o malo que estar en el percentil 90. Sería malo si el peso en los meses anteriores estuviera en el percentil 60 o 70 y ahora fuera de 20. Significaría que, por algún motivo, está dejando de ganar peso respecto a los de su edad. Y al revés, por ejemplo, si lo que le mide la cabeza está en el percentil 60 y está subiendo al 90, significa que le está creciendo la cabeza más rápido. Pero no es una competición, ni nada parecido.

¿Entonces no sirve de nada un percentil aislado?

Generalmente no, salvo que se dé en percentiles extremos. Si el peso está bajo el percentil 3, es posible que haya un problema de fondo. Igual por el otro extremo, si un niño tiene una talla en el percentil 99, es más probable que le pueda pasar algo patológico (lo que no quiere decir que tenga un problema, pero sí es más probable).

Vuestro pediatra, en las diferentes revisiones, irá viendo cómo va el crecimiento de vuestro bebé. Incluso en los primeros meses el subir o bajar mucho de percentiles de peso puede ser hasta normal (por ejemplo, los hijos de madre diabética suelen bajar de percentiles y los que nacieron con problemas de la placenta, subir de percentiles, siendo en ambos casos algo normal e incluso deseable).

Los niños que toman leche materna crecen bien, los otros ganan más peso y no se sabe si eso es bueno, por eso las gráficas de crecimiento usadas deberían ser las de niños y niñas con lactancia materna exclusiva.

Si vuestro bebé ha sido prematuro, la edad que se lleva a la gráfica no es la real, sino la *corregida*. Por ejemplo, un bebé de 28 semanas, cuando tenga 12 semanas de vida, no se pone en la gráfica como si tuviera

3 meses (que son los que tiene de edad cronológica). Se pone como un recién nacido, ya que tiene 0 semanas de edad corregida (28+12: 40 semanas). Hay que compararlos con los de su quinta, que son los que tendría de compañeros si hubiera nacido a término.

Vacunas

Las vacunas protegen contra varias enfermedades infecciosas. Llevan unas sustancias que estimulan al sistema inmune del bebé para que él mismo fabrique sus propias defensas frente a gérmenes concretos, y que cuando se enfrente al real, ya tenga conocimientos sobre cómo es y pueda atacarlo más fácilmente, la mayoría de las veces sin llegar ni a pasar la enfermedad.

La mayoría de las vacunas necesitan de varias dosis para que su sistema inmune sepa responder frente a una verdadera infección de esos gérmenes. En esos primeros meses, las defensas maternas que han pasado por la placenta (anticuerpos) protegen a los bebés, pero desde el nacimiento va bajando la cantidad que el bebé tiene. La mayoría de las vacunas se empiezan a poner a los dos meses de edad cronológica, aunque puede haber alguna variación según la comunidad autónoma. Algunas son los propios gérmenes inactivados, otras son solo partes de estos, otras son moléculas creadas en laboratorio que hacen el mismo papel.

Si vuestro pediatra no quiere que le pongáis vacunas, por favor, cambiad de pediatra o, mejor dicho, buscad uno de verdad.

Hasta hace 30 años, cuando no existían la mayoría de las vacunas actuales, muchos niños morían a causa de enfermedades como por ejemplo la tos ferina, el sarampión o la poliomielitis. Estos y otros gérmenes siguen existiendo hoy en día, pero los niños están protegidos por las vacunas. Con la moda de no vacunar, los niños quedan expuestos a enfermedades prevenibles; además, pueden contagiar a otros que tampoco lo estén.

Un caso especial son los prematuros, que se vacunan con la edad cronológica, a los dos meses, como ya vimos. En este caso la edad corregida no se usa.

Las vacunas son muy seguras. La asociación con el autismo y otros problemas nunca han sido demostradas, sino todo lo contrario. Hay muchos engañados y algunos sinvergüenzas detrás de esos movimientos.

Sueño

Cada bebé es diferente, pero siempre, siempre, el de vuestros amigos dormirá toda la noche del tirón, echará la siesta y les dejará ver lo que quieran en televisión. La realidad suele ser diferente.

Parece que los bebés alimentados con biberón duermen más tiempo por la noche, pero la verdad es que tanto unos como otros están casi todo el día y la noche durmiendo cuando son recién nacidos, no distinguen bien esos periodos y se despiertan para comer. Si no hay problemas médicos, no debería despertarse al bebé, aunque es un tema polémico. Algunos dicen que hasta que no recupere el peso del nacimiento hay que despertarles. Como es habitual, diferentes opiniones.

Durante el sueño, el recién nacido puede tener movimientos de los ojos debajo de los párpados y, por momentos, parecer que está inquieto. No se quedan profundamente dormidos como los adultos, tan pronto. Son expresiones normales del sueño de un bebé, hasta que entra en un sueño más profundo y tranquilo, alternando estos periodos hasta que finalmente se despierta. A vosotros os parecerá que están más demandantes de noche (todo se ve diferente de noche). Vosotros sois los que descubriréis cuánto duerme vuestro bebé, no el de otro.

En muchas guías se dice que hay que enseñar al niño a dormir, como si eso fuera algo que hay que enseñar desde tan tierna edad. Poco se dice sobre que hay que enseñar a los padres a vivir con un bebé, que es la verdad y lo que no se quiere reconocer, porque cuesta decirles a los adultos esas cosas. También se dice que debe aprender a quedarse solo en la cuna, en otra habitación, otra perversión. El caso es que funciona, claro, somos la especie que mejor se ha adaptado en el planeta, soportamos casi lo que sea. En algunos manuales avalados por sociedades científicas en España se dice que nunca, nunca, se debe dormir a un niño en brazos, pero que disfrutéis de él y que la teta es lo mejor. Es normal que estéis hechos un lío. Mi experiencia es todo lo contrario.

También se dice que el bebé debe tranquilizarse por sí mismo, con el chupete, el dedo, una gasa etc. Para qué querrá a los padres. Ya vimos que las rutinas en un recién nacido me parecen una mala idea, aunque estén de moda. Es una tontería intentar obligar al bebé a dormirse, ni mantenerlo despierto durante el día conseguirá que por la noche duerma más. Si no, intentadlo.

Un bebé al que no se le deja llorar únicamente aprende que no necesita llorar para ser atendido. No atender su llanto nocturno puede ser vivido por el bebé o el niño como rechazo o negación de sus emociones y necesidades afectivas.

Yo soy defensor de que se duerman encima de uno cuando son lactantes pequeños, en brazos, y después pasarlos a la cuna. Yo recomiendo el moisés en la habitación principal de la casa. Donde estéis los padres, ese es el sitio del bebé. Más adelante, cuando sea algo más mayor, algunos os dirán que es que lo niños son unos granujas y demandan mucho. Es normal, son niños.

¿Volveré a dormir algún día?

El primer día en el hospital hay padres que no dormís porque no podéis dejar de pensar si el bebé respira o no, o al revés, porque el bebé hace un ruido al respirar. En casa pasa lo mismo, a veces no descansáis nada la primera semana, pendiente de que ocurra algo que no suele pasar nunca.

Por otro lado, los bebés, inicialmente, suelen tener hábitos más nocturnos; por el día están más tranquilos, por lo que lo ideal sería que intentaseis descansar al mismo tiempo que el bebé, en vez de enseñarlo a dormir. Eso no se enseña, al menos ahora.

Si os parece que no dormís como antes, lo único que puedo añadir es que el primer mes de vida es cuando más vais a descansar, probablemente, de los próximos cuatro años. Os tendréis que acostumbrar.

Cuándo ir al pediatra

El pediatra del hospital os puede citar para alguna prueba o para algún control al alta, o realizarle algún seguimiento, pero en todo caso, el bebé tiene derecho a tener un pediatra en su centro de salud o en una consulta, que será el que lo conozca a lo largo de su vida, y el más cualificado para derivarlo al resto de especialidades pediátricas, si es que alguna vez lo precisa.

En muchas comunidades, la primera visita pediátrica es a los quince días de vida. A mí me parece una visita muy tardía.

Muchas veces los padres os arrepentís de no preguntar cosas al pediatra, antes del alta. Otras veces estáis pendientes del móvil o de la televisión, o de las visitas. Lo que yo aconsejo es que vayáis preparando una lista de las preguntas que van surgiendo, para así tratar esos temas y que ninguna de las dudas quede sin tocar. Esto refuerza también vuestro papel, aumentado vuestra capacidad para el cuidado del bebé.

Si tenéis dudas, pedid cita en vuestro centro de salud. Las urgencias de los hospitales están llenas de niños enfermos, a veces con procesos contagiosos, y lo que en un niño de cuatro años no tiene importancia, puede tenerla, y mucha, en un recién nacido.

Si consideráis que el recién nacido parece enfermo, buscad ayuda pronto. Más vale equivocarse llevándolo a que lo vea el pediatra.

Vamos a conocer algunas cosas que les pueden pasar a los bebés y que tienen importancia, por las que una visita al pediatra no es ninguna exageración.

La mayor parte de los problemas se ven distintos al día siguiente

A los papás y mamás os agobia la incertidumbre, pero la mayoría de los problemas, pasadas unas pocas horas, se ven de otra forma. No todos los síntomas, ruiditos y acciones del bebé necesitan una valoración urgente. Sana, sana, culito de rana, si no cura hoy, curará mañana (o a lo largo de la semana). Los padres vivís aterrorizados ante la salud de vuestros hijos, algunos, no llegáis a disfrutarlos. Cualquier detalle mínimo hace saltar las alarmas, en cualquier sentido. Si hace algo mucho, mal; si lo hace poco, peor. Y si os fomentan el miedo, peor aún.

Muchos médicos y otros trabajadores de la salud tienen las mejores intenciones para vuestro bebé, pero también todos son humanos. Además, manejan más información que los padres y tienen que sopesar, en muchas ocasiones, problemas que vosotros no sabéis ni que existen. Pero muchos de ellos también están influenciados por las cosas que se dicen, las modas, el miedo a equivocarse y la exigencia del acierto absoluto, que hace que se aumente la sensación de enfermedad en la sociedad. Muchos medicalizan a los niños sin querer (y algunos, queriendo). Hay una tendencia a usar lo último, lo más tecnológico, lo que más deslumbra, y esa demanda también se ha trasladado a la sociedad. Los padres quieren las pruebas, más que al profesional. Y muchas veces, no se necesitan pruebas para saber que todo va bien.

Aun así, en el siguiente apartado, vamos a ver algunas causas que sí necesitan valoración más o menos pronto por parte del pediatra.

Fiebre

Un recién nacido con fiebre *siempre* debe ser valorado por un pediatra de forma rápida. A otras edades será diferente, no hay por qué llevarlos, pero cuando es un recién nacido, o incluso en los tres primeros meses, sí hay que buscar ayuda. La fiebre en un neonato es un síntoma que llama la atención, porque, por ejemplo, infecciones importantes, como una infección de orina, pueden cursar sin fiebre a esa edad. Así, si un recién nacido tiene fiebre, suelen dejar al menos al niño en observación en el hospital.

La fiebre en sí no es una enfermedad, sino un síntoma de que algo está sucediendo. El pediatra valorará, según el estado general y realizando algunas pruebas, la causa de la fiebre, e incluso pondrá un tratamiento si cree necesario descartar algún problema importante que se esté iniciando. Lo que se suele buscar e intentar descartar es que el bebé esté sufriendo una enfermedad importante, como una infección de orina, una neumonía, meningitis, etc. En algunas ocasiones, los recién nacidos que han perdido mucho peso pueden tener fiebre por deshidratación, la llamada fiebre de sed, que no deja de ser síntoma de que hay un problema con la alimentación.

Si el bebé está muy abrigado, puede llegar a tener fiebre. Si se le quita la ropa suele remitir, por eso lo de no abrigarlos en exceso.

Hay diferentes tipos de termómetros, rectales, axilares, timpánicos. Los hay también digitales, que son rápidos y de fácil lectura; aún se ven por ahí algunos de mercurio, que fiables son, pero también peligrosos.

Los termómetros de chupete son artículos para que os gastéis el dinero y tengáis la seguridad de que el bebé no tiene fiebre. Un bebé con fiebre llama la atención porque está muy decaído o muy irritable y generalmente no come. Los termómetros que son una tira de plástico que se coloca en la piel del bebé tampoco son fiables.

El tratamiento más importante de la fiebre es el de la causa. Si la temperatura se mantiene elevada puede ser necesario darle algún antitérmico, como el paracetamol según las dosis recomendadas. Los antitérmicos no actúan sobre la causa de la enfermedad, ni la curan.

Un recién nacido con fiebre, por tanto, necesita valoración. Siento no tranquilizaros con esto.

Ictericia

Es la coloración amarillenta de la piel. Es un proceso casi siempre normal en los bebés, comenzando al segundo o tercer día de vida y resolviéndose al quinto o sexto. La conjuntiva ocular (el blanco de los ojos) es el primer lugar donde se nota y el último donde se quita, por lo que los ojos amarillentos no dicen mucho. Cuando el bebé está amarillento también en las manos y los pies, la cifra de bilirrubina suele ser bastante alta. Hablamos al principio que el pediatra al alta del hospital valorará su nivel, y junto con algunos factores de riesgo (ser prematuro, tener incompatibilidad Rh, etc.) verá si es necesario hacer algo.

Muchas veces no se conoce la causa exacta de su elevación (los médicos la llamamos *idiopática*), y lo importante es la cifra de bilirrubina; en otras, la cifra no es importante pero sí la causa (por ejemplo, en las infecciones). En otras, las dos cosas son importantes. El tratamiento más común, si la cifra es elevada, es la fototerapia, unas luces que se les ponen a los bebés para transformar la bilirrubina en otras sustancias menos peligrosas. En casos más importantes, es necesario recambiar la sangre, pero hoy en día cada vez se hace menos.

Si tu bebé está cada vez más amarillo, debes ir a tu pediatra.

Cianosis

Cianosis es la coloración azulada de la piel, y puede ser un signo importante si aparece alrededor de la boca, en la lengua o en el pecho (llamada *cianosis central*). Al nacimiento, es normal observar cianosis en las uñas, que persiste varios días. También, cuando tienen frío. Pero cualquier cianosis central debe investigarse, cuanto antes, mejor. A veces, si un bebé tiene más cantidad de sangre de lo normal, puede tener episodios de cianosis, pero en todo caso hay que investigar y descartar causas más importantes.

Temperatura

Los recién nacidos tienen tendencia a enfriarse; si en su entorno hace frío, gastan mucha energía en intentar mantenerse calientes. No es necesario tomar la temperatura todos los días, pero si notas que está muy frío, con menos de 36 ºC o caliente, con temperatura mayor o igual de 38 ºC, deberás consultar en un centro médico.

Vómitos-rechazo de la alimentación

Los bebés recién nacidos regurgitan con frecuencia, pero si vuestro bebé claramente tiene vómitos, expulsa la comida de forma brusca (las regurgitaciones no salen con fuerza), y estos se repiten, deberíais consultar con vuestro pediatra. Muchas enfermedades en los bebés tienen vómitos asociados, y es necesario descartar algunas. Por ejemplo, una obstrucción intestinal, o una infección de orina, u otras causas infecciosas. Normalmente estos bebés además están muy malitos, no solo presentan un vómito.

Cuando se acerca al mes de vida, los vómitos repetidos pueden ser debidos a que a algunos bebés se les cierra la salida del estómago, es la llamada estenosis hipertrófica del píloro, que se da más frecuentemente en varones. El bebé come, vomita, y cada vez tiene más hambre.

Igual pasa con un bebé que comía bien y deja de hacerlo. Si es un recién nacido que deja de comer varias tomas, deberíais consultar con el pediatra.

Vómitos biliosos o con sangre

Los vómitos biliosos son vómitos de un color especial, verdes. Y siempre son indicación de consulta urgente. Si una vez que habéis salido del hospital, tiene vómitos con sangre, lo mismo. A veces un vómito con sangre se debe a que ha tomado leche con sangre, por ejemplo, si tienes grietas en los pezones. Si te sacas leche con un sacaleches podrás comprobarlo. Pero en todo caso, acude a tu centro de salud más próximo.

Bronquiolitis-dificultad respiratoria

La bronquiolitis es una enfermedad infecciosa, producida por varios virus, que produce mucosidad nasal y dificultad para respirar en los bebés. Se transmite por el contacto con las secreciones respiratorias de personas infectadas, y es más frecuente en invierno. Por eso, es importante el lavado de manos y el uso de mascarilla para tocar al bebé si estáis acatarrados. Si vuestro bebé tiene coloración azulada alrededor de la boca, o se le marcan las costillas al respirar, lo hace más rápido, hace pausas respiratorias o tiene quejido, debéis consultar en vuestro centro médico.

Llanto

El llanto del bebé es enérgico y no deja a nadie indiferente.

Los niños lloran, muchas veces los padres no sabéis por qué lo hacen. Pueden, pero no siempre, llorar por hambre. El tener orina o heces en el pañal les puede causar incomodidad, así como el calor por exceso de ropa, ropa mal doblada, etc. El aumento de movimiento en casa o las visitas a deshoras también pueden irritarle. El exceso de estímulo puede desencadenar sobreexcitación e irritación y, como consecuencia, el llanto. Se dan tantos matices para saber por qué llora un niño que es muy difícil reconocer cuál es el problema; a veces es más fácil ir probando qué puede pasar, cogerlo, hablarle, cambiarle, examinarlo, intentar dormirlo, alimentarle, desnudarle, etc., hasta dar con el posible motivo.

Si, pese a todo, un recién nacido sigue sin consuelo, deberéis consultar al pediatra. No todo es el cólico del lactante.

Falta de actividad

Si vuestro bebé no pide comida como antes, no se despierta, os cuesta que llore tras estímulos vigorosos y tiene menos actividad que en las horas previas, debéis consultar en un centro médico.

Heces de color blanco-amarillentas o con sangre

La verdad es que respecto al color de las heces, que es tan variado, solo suelen importar unas pocas cosas. Si tienen restos de sangre fresca, roja, debéis consultar a vuestro pediatra sin demora, más aún si se acompañan además de irritabilidad o de poca actividad del bebé. No siempre las causas son graves, puede ser por ejemplo una alergia a la leche de vaca, pero hay que descartar enfermedades importantes.

Si, por otro lado, las heces que en la primera semana eran amarillentas se van volviendo progresivamente más claras, tirando hacia el color gris amarillento, o blanquecinas, tenéis que consultar cuanto antes a vuestro pediatra o acudir al hospital. En raras ocasiones, la bilirrubina que le da el color a las heces queda retenida en el hígado por diferentes causas y hay que investigar por qué y pronto.

Cordón umbilical con secreciones o con mal olor

Puede ser signo de una infección en el cordón umbilical, debéis acudir a un pediatra para que lo valore y ponga un tratamiento si es preciso.

Movimientos extraños

Si el bebé pierde la conciencia o se queda rígido o sin reaccionar a nada, debéis acudir al centro médico más próximo. Si presenta movimientos rítmicos repetitivos, es bueno consultar con vuestro pediatra.

Si podéis grabarlos mucho mejor. Los temblores en las extremidades y en la barbilla pueden ser normales; al coger al bebé, desaparecen. Si no lo hacen, consultad.

Caídas y golpes

Cualquier caída del bebé recién nacido (desde los brazos, desde la cama, etc.) obliga a acudir a vuestro pediatra, así como si se ha dado un golpe de importancia en la cabeza.

Pérdida de peso

Como vimos en su sección, los bebés recuperan el peso al nacimiento, en general, a los 10-14 días. Si el bebé orina solo 1-2 veces al día, y no gana peso, pedid ayuda. Si se acerca al mes, y no solo no lo recupera, sino que se estanca o pierde, pide cita con tu pediatra.

Quedarse *pasado*

El bebé llora intensamente, se pone rojo y parece que no va a respirar, pero al final lo hace. Por eso no hay que ir al pediatra, salvo que pierda el conocimiento o haga algo más. Si lo hacéis, al menos intentad grabarlo. Muchas abuelas dicen que hay que soplar al bebé, echarle agua en la cara o lanzarlo hacia arriba. Por favor, no hagáis nada de eso. Es peligroso hacerlo y el pediatra puede pensar en cosas bastante más importantes y acabar ingresando al bebé.

Algunas enfermedades frecuentes

La gran mayoría de los bebés son sanos, parece mentira. Hay que desdramatizar con los recién nacidos y sus posibles problemas, sabiendo que, en ocasiones, pueden tener pequeños trastornos. Algunos ya los hemos visto en el capítulo ¿Cómo es un recién nacido? y en otras partes del libro, como por ejemplo, la ictericia.

Dermatitis del pañal

Es un concepto que define varios problemas en esa zona de la piel del bebé, la mayoría de base inflamatoria. Cuanto más tiempo el pañal está puesto, con heces u orina, más frecuente es que la piel se irrite y se inflame. En ocasiones se complica con una infección por un hongo llamado *Candida*. Si en la familia hay pieles atópicas, es más frecuente.

Son lesiones rojizas, que respetan los pliegues, y que abarcan, precisamente, la zona del pañal. Con una buena higiene, pañales adecuados y cambios frecuentes de pañal, suele mejorar. Es importante limpiar la zona sin friccionar la piel para no empeorarla.

Utilizar, con moderación, cremas que contengan óxido de zinc o vaselina, también ayuda. No usar cremas con antibióticos o con corticoides si no han sido indicadas por el pediatra. Consultad al médico si las lesiones no ceden en un plazo prudencial. Procurad que el bebé pase un rato cada día sin pañales, además de que estará más cómodo, las lesiones mejorarán.

Muguet

El muguet o candidiasis bucal es una infección por el hongo *Candida* en la boca de los bebés. Lo que veréis son unas manchas blancas en la lengua o en la parte interior de las mejillas y labios, levemente elevadas. Si se intentan despegar, con la uña o con un depresor, la zona sangra. Es lo que las diferencia por ejemplo de los restos de leche, que no sangran al intentar quitarlos. Es muy frecuente en los recién nacidos, entre otras cosas porque producen poca saliva. También pueden provocar irritabilidad y rechazo del alimento. Con un tratamiento con un gel de nistatina, se curan. Acuérdate de tratarte los pechos y esterilizar las tetinas, además.

Sudamina o miliaria

Es una erupción frecuente, relacionada con el calor. Se produce por retención del sudor al obstruirse los conductos de las glándulas sudoríparas, especialmente en verano o si el bebé está muy abrigado. Son manchas pequeñas y rojas o blanquecinas, muy juntas. Lo mejor es usar ropa de algodón y evitar cremas, ya que aumentan la obstrucción. Y no abrigar en exceso a los recién nacidos.

Plagiocefalia postural

Los huesos de la cabeza del bebé no están unidos, y por eso la forma de la cabeza puede modificarse según donde reciba mayoritariamente la presión. Esto es así porque para pasar por el canal del parto viene muy bien que los huesos se monten unos encima de otros y salga la cabeza con menos dificultad, y para permitir el crecimiento del cerebro. Pero si posteriormente dejáramos al bebé inmóvil en cualquier postura, la cabeza no crecería como debería.

Un bebé que está todo el día boca arriba, ya sea durmiendo (como debe ser), pero también cuando está despierto, tiende a apoyar los huesos de la parte de atrás de la cabeza, más la zona derecha o la izquierda, la que toca el colchón, y esa zona queda aplanada. También se nota que esa zona tiene menos pelo. Esta forma peculiar que adopta la cabeza es la plagiocefalia postural, que ha aumentado mucho gracias a la posición para dormir y mucho más gracias a no coger a los bebés en todo el día. Como el bebé está cómodo en esa posición, el problema puede perpetuarse, ya que la criatura tiende a buscar esa posición en la que está cómoda, pero la solución casi siempre es sencilla, y no precisa comprar nada. También pueden nacer ya con ella, si la cabeza ha estado contra la pelvis de la madre o contra un hermano en embarazos gemelares, o desarrollarla por una tortícolis.

Por suerte, a medida que el bebé adquiere más tono en el cuello, gira la cabeza, y se soluciona sola. Pero para evitar que aparezca, podéis hacer cambios posturales al bebé, y acostarlo de forma que la presión no se haga sobre la zona aplanada, aunque luego él mueva la cabeza.

Un truco es ponerlo con la cabeza donde iban los pies, para que los estímulos le vengan ahora desde el lado contrario, y tenga que dejar de apoyar el lado plano en el colchón. Otra táctica muy buena es cogerlo mucho y tenerlo boca abajo cuando está despierto, jugando con él. En algunos casos, si se asocia tortícolis, se necesitan ejercicios de fisioterapia. Ponerle juguetes dentro de la cuna para que los mire no es buena idea porque se asocian a asfixia en la cuna, ni ponerle toallas o cosas que venden para que no se gire. En casos de deformidades muy importantes, es necesario usar órtesis (un casco). Debería ser indicado por un neurocirujano, no por los que venden los cascos. Los cojines antiplagiocefalia, los colchones antiplagiocefalia, etc., más de lo mismo, se venden por vuestro miedo, no porque hagan falta.

El hecho de tener plagiocefalia no altera el desarrollo neurológico ni causa lesiones cerebrales. Mi experiencia es que, si los papás quieren evitarlo, la mayoría de los casos desaparecen.

En algunos casos rarísimos, el aplanamiento es porque en esa zona los huesos ya estaban soldados al nacer, y nada de lo que se hace funciona. Es la plagiocefalia debida a una craneosinostosis, cuyo tratamiento casi siempre es quirúrgico.

Fractura de clavícula

La fractura más frecuente del ser humano es la fractura de clavícula al nacer. A veces es inevitable, al sacar los hombros del bebé en el parto, especialmente en partos de bebés muy grandes. Al palpar la zona del cuello podemos notar un bulto en alguna de las clavículas, o apreciar que se deprime como si fuera una tecla. A veces, el bebé no mueve bien ese brazo y le duele. En ocasiones el callo de fractura, el hueso que se está remodelando y abulta, es el único signo y se detecta días después, estando ya en casa. No suele ser necesario ningún tratamiento, salvo no estar todo el rato tocando la zona ni tirándole de ese brazo. Puede ser buena idea fijar la manga del niño a la camiseta con un imperdible hasta que se forme un callo óseo. En unas semanas desaparecerá también.

Tortícolis congénita

Si vuestro bebé empieza a no poder girar la cabeza hacia un lado, cuando al principio sí lo hacía, es posible que tenga una tortícolis muscular congénita. Es algo relativamente frecuente, que se presenta en el recién nacido o durante los primeros meses de vida y que se asocia a un acortamiento del músculo esternocleidomastoideo de un lado. Se puede palpar un pequeño bultito en ese músculo, el que va de la clavícula a la zona posterior de la oreja. En estos casos, la plagiocefalia también es de ese lado, porque el bebé solo puede apoyar así la cabeza. El tratamiento es con ejercicios de estiramiento y fisioterapia, y la evolución es buena. Si no se hace, meses después, el tratamiento es más intenso. Hay otras causas de tortícolis, más importantes. Vuestro pediatra os dirá qué hacer si parece otra cosa.

Las caderas

El pediatra dobla las piernas del bebé en la maternidad y las gira sobre las caderas para ver si la cabeza del fémur (el hueso del muslo) está fuera de su sitio, o si bien, está dentro, pero se sale con facilidad. Así se detectan la mayoría de los problemas. Muchas veces lo que se nota son pequeños chasquidos, o leve inestabilidad, y si en uno o dos meses se mantienen, se hace una ecografía de caderas. En otras ocasiones, claramente hay un problema a la exploración, o el bebé tiene más riesgo (sexo femenino, posición de nalgas intraútero, antecedentes familiares) y en unas semanas se hace una ecografía para ver cómo está formada la cabeza del fémur y la cadera que lo cubre. Esta prueba no es dolorosa y es inofensiva para el bebé. En el porcentaje más pequeño es cuando se confirma el problema. Hay caderas que al nacer son normales y el problema se detecta semanas después. Por eso se llama a esta enfermedad displasia evolutiva de caderas. En todos los casos en los que se confirme un problema, la solución pasará por traumatología infantil, con diferentes modalidades de tratamiento. Por eso, su pediatra volverá a examinarle las caderas cada vez que vea al bebé.

Secreciones nasales

Las secreciones nasales, si impiden que el bebé respire de forma adecuada, pueden sacarse mediante un lavado nasal realizado con suero fisiológico y una jeringa. Poniendo al bebé de lado, se mete suero por uno de los orificios nasales, arrastrando el moco. También hay sistemas para aspirar las secreciones, aspirando el moco por un tubito. Pero solamente si las secreciones le impiden respirar bien. Venden sueros nasales en las farmacias a un precio mucho más elevado que el que tiene un bote de suero fisiológico, con supuestas ventajas, pero con el suero fisiológico normal es más que suficiente.

Granuloma del cordón

Cuando se cae el cordón puede que quede una zona fresca que nunca deja de manchar el pañal; el pediatra encuentra una zona abultada rosada, el granuloma del cordón. Dándole unos toques con una varilla de nitrato de plata, ese granuloma se cura y deja de manchar. Lo que sí notaréis horas después es que todo lo que haya tocado la varilla se tinta de color negro, un tatuaje que a la larga también termina por desaparecer. Si no existe dicho granuloma, o sale un líquido parecido a las heces o a la orina, el tratamiento será diferente.

Obstrucción del conducto lagrimal

Normalmente las lágrimas salen del ojo por el conducto lagrimal, que está en el canto interno del ojo, al lado de la nariz. Ese conducto, que puede ser múltiple, a veces está cerrado; el bebé tiene siempre lágrimas que se le derraman por el ojo, o bien esa zona está abultada, o tiene conjuntivitis de repetición. Dándoles pequeños masajes con el dedo en esa zona, muchos conductos se reabren. En otros casos, más adelante, se necesita hacer una pequeña intervención. Si tiene conjuntivitis, vuestro pediatra os dirá cuál es el tratamiento más apropiado.

Estrabismo

El que un bebé menor de un mes meta un ojo hacia dentro es normal. No debéis preocuparos aún por eso.

Hemangiomas

Algunos bebés, especialmente los que han sido prematuros, tienen un bultito rojizo en la piel, que al nacer no se ve, pero que va creciendo poco a poco, cada vez más, en el primer mes de vida. Notaréis que al presionarlo no se quita. Muchas veces son hemangiomas infantiles, unos tumores de los vasos sanguíneos que crecen mucho al principio, especialmente entre los dos y cuatro meses; luego, sobre el año, van disminuyendo de tamaño. Puede que hayáis visto a algún niño con un tumor que se parece a un fresón en alguna zona de su piel, cuando está en su máxima expresión.

En otras ocasiones el hemangioma tiene una parte más profunda y lo que se nota es una tumoración azulada. Solo en casos muy concretos necesitan tratamiento (cuando están cerca de los ojos, dentro de la garganta o en el cuello, o son muy grandes). El tratamiento actual es un jarabe llamado propranolol, que consigue que desaparezca.

Apéndices y fístulas preauriculares

Puede que vuestro bebé tenga un apéndice o varios justo delante del pabellón auricular. Normalmente se quitan con cirugía cuando el bebé tiene un año de vida, si queréis. La fístula es un agujerito en el mismo sitio, que suele acabar en dedo de guante, es decir, que solo tiene un fondo recubierto de piel y nada más. Solo si se infecta puede llegar a extirparse.

Mucocele y ránula

El mucocele es un quiste que algunos bebés tienen en la mucosa del labio inferior, casi siempre. Si no desaparecen hay que extirparlos.

La ránula es un quiste en la base de la lengua, normalmente más grande que lo anterior, de color azulado, y que crece lentamente. Se crean por obstrucción de una de las glándulas de la saliva tras un traumatismo.

Hernias

La importancia de las hernias en el recién nacido depende de su localización, del tamaño y de las complicaciones. En las hernias umbilicales la evolución suele ser muy buena sin hacer nada; la mayoría se han cerrado solas al año de vida. Nada de poner fajas ni monedas, que solo pueden acabar complicando algo que no tendría por qué. Se curan solas igual, hagáis lo que hagáis.

La hernia epigástrica, por encima del ombligo, es una masa blanda que a veces sale y se esconde. En este caso sí se suele operar, pero cuando el bebé es más grande.

La diástasis de rectos, que ya vimos, es un abombamiento por encima del ombligo, entre los músculos rectos del abdomen, que no tiene tratamiento, salvo que se asocie a la hernia epigástrica de antes. Es bastante frecuente en prematuros.

La hernia inguinal es la masa de aparición brusca en la ingle, a veces tras una crisis de llanto (por eso en el cólico del lactante hay que explorar a los bebés, especialmente si el llanto no cede). El bulto puede llegar hasta el escroto. A diferencia de la hernia umbilical, siempre hay que operarla y es más frecuente en prematuros.

Reflujo

Todos los bebés tienen reflujo, que es la subida de la leche desde el estómago hasta el esófago, y a veces, hasta la boca. Muchas veces podéis notarlo si le ponéis al bebé la mano en la espalda. Pero no todos los reflujos son una enfermedad. Algunos reflujos ni siquiera llegan a verse porque el bebé no regurgita nunca.

Cuando es un verdadero problema, se llama *enfermedad por reflujo gastroesofágico*. El bebé hace la toma con ganas, pero a mitad de la comida, suelta el pecho o el biberón de forma brusca y comienza a llorar. Si intentáis darle otra vez de comer, lo rechaza, echando el cuello hacia atrás. Si se mantiene, deja de ganar peso y está siempre irritable, por hambre y por dolor al comer. Puede llegar a confundirse con un cólico del lactante, pero vuestro pediatra lo sospechará si la relación con la comida es tan clara. Puede mejorar con un tratamiento que os recetará vuestro pediatra.

Alergia a las proteínas de la leche de vaca

A veces, el bebé, tras haber tomado algunos biberones de fórmula artificial, presenta hinchazón de la boca o de la cara, o en otras zonas, o tiene una diarrea que no termina de mejorar, muchas veces con restos de sangre. Otras veces puede simplemente estar irritable, siendo muy parecido al cólico del lactante. En ambos casos, el tratamiento es ponerle una leche especial que evita que el cuerpo reaccione a las proteínas de la vaca, porque las lleva muy fragmentadas y ya no las reconoce (fórmulas hidrolizadas). Vuestro pediatra os la mandará si es necesaria.

Atragantamiento con moco o leche

Si el bebé comienza a ahogarse con moco o leche, colocadlo boca abajo con la cabeza ligeramente más baja que el cuerpo. Si es necesario, limpiadle cuidadosamente con un paño cualquier fluido visible en la boca y la nariz.

El botiquín y la prevención de accidentes

Para un recién nacido o para cuando sea mayor, lo más importante de un botiquín es que el bebé no pueda acceder a él cuando vaya creciendo. Pero si queréis saber qué cosas pueden ser útiles en casa para tratar pequeñas lesiones del bebé, aquí va una lista personal, que puede modificarse según las circunstancias.

• Unas tijeras.
• Unas pinzas.
• El termómetro para usarlo si creéis que el bebé tiene fiebre, no para hacer un seguimiento constante de la temperatura.
• Alguna venda y esparadrapo.
• Gasas estériles.
Existen unos adhesivos esterilizados que pueden venir bien para unir una herida del bebé, aunque lo normal es que lo llevéis a un centro médico .
• Las tiritas también suelen ser útiles en algún momento.
• Suero fisiológico.
• Jeringas de plástico de varios tamaños.
• También suele ser útil un aspirador de mocos en los que un extremo se pone en las fosas nasales y en el otro lado del tubito, el papá o la mamá aspiran.
• Para la fiebre o el dolor, podéis tener soluciones de paracetamol, pero ante fiebre en un recién nacido, ya sabéis que lo que hay que hacer es consultar con un pediatra de forma urgente.
• Alguna crema protectora de la piel o con óxido de zinc para erosiones de la piel.

La prevención de accidentes

Los bebés no son de goma y pueden sufrir accidentes, algunos pueden ser incluso graves y producir la muerte o secuelas de por vida, por lo que hay que tener cuidado. En cada etapa de la vida del bebé los riesgos serán diferentes, pero siendo un recién nacido, también existen.

Una de las cosas más importantes es que la mayoría de los accidentes se pueden prevenir. *No son cosas que pasan,* ni *desgracias.* Ya hemos hablado de la necesidad de dormir boca arriba, de evitar que se asfixien en la cama o en la cuna o durmiendo en una silla o sillón con el bebé, y de transportarlos correctamente en una silla de seguridad en el coche. Uno de los accidentes más frecuentes es que el bebé se caiga desde una altura: los brazos de los padres, un cambiador, la cama, etc. A veces sucede que lo llevamos en el *maxicosi* de un lado a otro sin sujetarlo bien; ante cualquier tropiezo, el bebé sale volando y se cae.

También hemos visto ya que las cunas pueden producir asfixia o atrapamientos de miembros si llevan almohadas, juguetes, pulpitos, o los barrotes son demasiado abiertos. La cabeza del bebé no debe caber entre los barrotes de la cuna.

Otro lugar de riesgo es la bañera: nunca hay que dejar al bebé solo ni con la vigilancia de un hermano menor, ni durante un segundo. Las cosas pasan en ese segundo. Hay que asegurarse de que el agua no está muy caliente, es posible quemarlos si se cree que le va a gustar caliente.

Algunos recién nacidos han sufrido quemaduras muy graves al estar cocinando el papá o la mamá con el bebé en brazos o porteándolo mientras tanto. También puede pasar si están en una hamaca, o en una manta cerca de alguien manejando líquidos calientes. Los papás tropiezan con algo y el líquido que se está llevando puede acabar quemando al bebé. La cocina no es el lugar de un recién nacido. Si se quema, enfriad la zona y si la piel se ha levantado, cubridla con una gasa estéril y acudid pronto para valoración médica. No minimicéis el riesgo de una quemadura en un recién nacido.

A la hora de darle leche, materna o artificial calentada, cuidado con quemarles la boca. El microondas calienta de forma no homogénea, de manera que hay zonas más frías y otras más calientes, por lo que puede dar la sensación al cogerlo con la mano de que no está tan caliente.

Las quemaduras también pueden ser por la exposición al sol. Si lleváis a un recién nacido a la playa, si es que tenéis esa necesidad o gusto, debéis protegerlo de la luz directa y de las radiaciones que se reflejan, como las del agua, arena, o si vais a la nieve. Los bebés se queman muy fácilmente. Debido a la gran permeabilidad de su piel, debemos evitar el uso de cremas protectoras solares y deberemos protegerlos con ropa ligera de algodón y gorros.

Si os gustan los fuegos artificiales, no son lugar para tener un recién nacido cerca.

No uséis lacitos, ni collares de ámbar ni otras cosas que os van a querer vender para vuestros bebés. Pueden causarles asfixia.

Cuando el bebé vaya creciendo, los riesgos aumentarán. Es bueno que miréis vuestra casa y la calle, pendientes de las cosas que podrían pasarle a un niño.

No fuméis cerca del bebé; en realidad, no fuméis.

A los bebés hay que quererlos mucho, pero no tirarlos hacia arriba, ni sacudirlos enérgicamente, ya que se le pueden provocar graves lesiones en su cerebro. Los sistemas de porteo deben estar homologados, así como el cochecito. Cuidado con colgar la compra en el cochecito, puede llegar a volcar, así como si lo usáis para sujetar la correa del perro. Y si tenéis un perro, nunca permitáis que este u otra mascota se acerque mucho al recién nacido. Por muy buena que sea no sabéis cuál será su reacción ante el nuevo inquilino. Yo he visto a padres que se llevan los pañales de maternidad para que los huelan los perros de casa. No sé si funciona, la verdad.

¿Cómo reanimar a vuestro bebé?

Es excepcional que necesitéis hacer algo así, pero vamos a conocer algunas nociones básicas. Si vuestro bebé tiene algún riesgo especial, antes del alta del hospital, podéis pedir que os enseñen. Con más motivo si es prematuro. Por lo menos sabréis algo que os puede ser útil para vuestro bebé o el de otros. De nada sirven todos los aparatos que venden en el mercado que miden la frecuencia cardiaca o la respiración si no sabéis qué hacer cuando pase algo de verdad (en realidad no sirven para nada, solo para crearos ansiedad).

• Si vuestro bebé *no reacciona cuando lo tocáis*, cuando lo estimuláis (enérgicamente, no suavemente), etc., debéis *gritar pidiendo ayuda* y luego colocar al bebé *boca arriba*.

• Como los bebés tienen la parte de atrás de la cabeza muy prominente, siempre tienen el cuello un poco flexionado hacia adelante. Empujad con una mano la frente para que la cabeza quede en posición neutra, y *mirad* si mueve el pecho; *sentid* si exhala aire; *oíd* si hace ruidos respiratorios.

• Si hay dudas, o claramente no respira, mirad si algo le obstruye la boca y quitadlo. Si se ve algo en la boca, con un dedo en forma de gancho, intentad arrastrarlo hacia fuera. Si no veis claro el poder sacarlo, no lo intentéis.

• Si no respira, tendréis que darle respiraciones con el método *boca a boca-nariz*. Con una mano seguimos sujetando la frente para que las vías respiratorias estén abiertas y con la otra sujetamos la barbilla. Cogeremos con nuestra boca la boca y nariz del bebé y haremos **cinco** *insuflaciones*, intentando ver si el pecho se mueve o si el bebé tose. Cada insuflación de un segundo, y con fuerza suficiente para levantar el tórax del bebé.

• Tras esto hay que comprobar si tiene signos vitales: movimientos, tos, respiraciones normales, etc. Palpar el pulso en un recién nacido es difícil. Si los tiene, seguid con las respiraciones hasta que respire bien por sí mismo.

• Si no tiene signos vitales, hay que hacer compresiones torácicas, de forma que se coordinen *quince compresiones torácicas con dos respiraciones*. Con dos dedos se debe comprimir el esternón, al menos un tercio del tamaño del tórax, en vertical, y a un ritmo de 100 por minuto (bastante rápido). Si sois más de uno, puede hacerse el masaje rodeando el tórax con las manos y comprimiendo el esternón con los dos pulgares.

• Si estás con más personas, alguien ha debido llamar ya al 112 (o al número de emergencias de tu país). Si estás solo o sola, tras un minuto de reanimación, debes intentar llamar al 112. Lo mejor sería transportar al recién nacido sobre tu antebrazo para poder seguir dándole masaje cardiaco.

Espero que nunca lo tengas que hacer.

PARA PENSAR

Presuntos implicados

Hay una tendencia a mercantilizar con los bebés y con todo el proceso del parto y la crianza; también a medicalizarlos, y no me refiero solo a los médicos, sino al resto de los profesionales también y a otras personas que han visto aquí una forma de ganarse la vida.

Como muchos de los cuidados se revisten de ciencia, según convenga, para hacer valer diferentes opiniones sobre otras, se consigue que los padres y madres quedéis anulados, infantilizados o desinformados. Y de la peor forma, creyendo que es lo mejor para vuestro bebé.

Estos mensajes están tan extendidos que a veces los padres van de un profesional a otro hasta encontrar al que sí hace o dice lo que iban buscando oír; a día de hoy, siempre se encuentra, ya que muchos opinan que si los padres lo piden o lo dicen, quiénes son ellos para no hacerlo. Una profecía autocumplida.

Unos buenos ejemplos de esto son las vueltas del cordón, los gases y el frenillo. En niños más grandes, los dientes serán los culpables de todo.

Mi bebé venía con vueltas de cordón

Históricamente, a los bebés que venían con vueltas de cordón, tuviesen lo que tuviesen tiempo después, alguien le echaba la culpa de sus problemas a las vueltas de cordón. Aún oiréis a muchos profesionales achacándole a la vuelta del cordón casi cualquier cosa. Matronas, pediatras y ginecólogos. Del resto es que ni hablo. Encontraréis muchas personas que digan que esto no es así, porque las convencieron de que lo que le pasó a sus hijos fue por eso, por las circulares de cordón y así el círculo se cierra, y todo queda claro.

Pero, siendo sinceros, no es así. No hay asociación con mayor mortalidad fetal o alteraciones neurológicas. De hecho, la asociación americana de ecografía no recomienda ni buscar las vueltas de cordón ni informar de ellas. El cordón raramente da problemas, aunque la percepción social sea otra.

Muy diferente es un nudo verdadero prieto de cordón, o un prolapso del cordón, que comprime los vasos y hace que el flujo de sangre al bebé se comprometa, pero eso es otra cosa.

Los gases

Los gases del recién nacido no existen. Al menos, con esta actitud, acertaremos casi siempre. Y no me refiero a que el bebé trague aire y a que, entre pecho y pecho, eructe. Si queréis ponerlo erguido, entre la toma de un pecho y el otro, para que eructe, puede hacerse: a lo mejor lo hace, incluso dándole palmaditas suaves en la espalda. Colocadlo con su boca sobre vuestro hombro, o sobre vuestro regazo, y probad; puede que eche también un poco de leche. Pero no les acuséis de mucho más.

En el resto de casos, son una excusa para achacar a estos supuestos gases cualquier otro problema del bebé. Casi siempre el bebé acusado de tener gases lo que tiene es hambre o sed, y también suelen tener gases los que menos en contacto con la madre y padre están. Probad a alimentarlo más frecuentemente y a cogerlo más. El llanto del bebé puede reflejar tantas cosas que saber tan fácilmente que lo que le pasa al bebé es por gases me sorprende mucho. El problema es que muchos profesionales también lo creen.

De esto viene el segundo problema, el tratamiento. Se usan medicamentos de dudosa eficacia, normalmente con escasos resultados. Las empresas de leches aprovechan todas estas cosas para vender sus productos, haciendo que el cambio de leches en el bebé sea una práctica muy frecuente pero poco recomendable.

El frenillo

El frenillo lingual es una membrana mucosa. Se extiende desde el suelo de la boca hasta la cara inferior de la lengua, en su línea media. La anquiloglosia es una definición de un frenillo lingual corto que fija la lengua y le impide la movilidad. Por lo tanto, no es lo mismo. La anquiloglosia existe y debe ser tratada, pero no es tan frecuente como nos están vendiendo. Salvo que queramos verla en todos lados.

Dicen que no es posible que existan madres con poca producción de leche, que siempre tienen, pero no se sorprenden de que haya tantos frenillos que impiden la lactancia. La naturaleza debe ser muy injusta con los bebés.

El principal problema del frenillo es que es muy accesible y fácil de cortar. Se culpa cada vez más a todos los frenillos linguales de cualquier cosa; en mi opinión, son actitudes interesadas y falsas. Algunos profesionales, en una clara apuesta ganadora, dicen que, si al cortarlo la lactancia no mejora, es que se cortó tarde. Así, se aseguran acierto pleno, pase lo que pase.

Se dice que antes, cuando se daba tanto biberón, no hacía falta cortar el frenillo. Vuelve a ser un argumento engañoso y falso: antes de existir las fórmulas artificiales ya había médicos y matronas que decían que se engañaba a los padres con esto y que los casos de anquiloglosia eran pocos.

No hay estudios de calidad que digan que cortar el frenillo sea más beneficioso que apoyar a la lactancia, salvo en los casos de anquiloglosia franca.

Si un niño tiene frenillo lingual corto, pero aumenta de peso y la madre no tiene dolor, no hace falta ninguna intervención. Las recomendaciones irán encaminadas a mejorar la postura, ayudando al bebé a que tenga gran parte de la aréola dentro de la boca. La evidencia actual parece demostrar que, a pesar de la anquiloglosia, la mayor parte de los bebés son capaces de alimentarse.

Obviamente, los frenillos linguales pueden jugar un papel en los problemas de lactancia, pero asociar su corte a una solución mágica es falso.

La confusión del pezón

Si hablamos de evidencias, la OMS en 2018 dice que no se puede demostrar que el uso de tetinas afecte a la lactancia, y menos el uso del chupete, aunque recomienda no usarlos al menos hasta el mes de vida para que no haya confusión del pezón. A pesar de las escasas evidencias sobre esto, que un bebé tome peor el pecho una vez que se le haya ofrecido una tetina o un chupete, en las maternidades se lo creen, fuera también, y lo repiten una y otra vez, como si fuera verdad.

En muchos casos, esta supuesta confusión del pezón solo marca a aquellos bebés cuyas madres tienen dificultades en las tomas, o en las que han decidido usarlos por otros motivos. Yo he visto bebés que han mamado mejor empezando primero a succionar con un chupete y luego pasándolos al pecho.

Se alega que los bebés chupan de forma diferente y se confunden, pero está demostrado que los bebés no son tan tontos como creemos y se adaptan. Os aseguro que os lo dirán.

Se dice que no se le dé biberón ni chupete para no confundirlos en la succión, y que se intente mejor con cuchara o vasito. A partir del mes, ya sí puede darse, aunque los estudios donde se sugirió este problema decían esperar a los quince días.

La verdad es que, si la lactancia está establecida, no hay problema. Otra cosa es echarle la culpa de las dificultades en la lactancia a que una vez tomó un biberón. Como excusa está bien, pero nada más. Creo que la confusión es más frecuente a nivel mental en sus padres. Dejemos de culpar al niño ya, por favor.

Chupetes

Otro tema muy polémico es el del chupete. Mi opinión es que no es el enemigo. Siempre han existido chupetes, incluso cuando no había fórmulas artificiales. La confusión del pezón con el uso del chupete tiene mucho de mito y poco de evidencia científica.

El chupete no es ni mucho menos necesario, pero hay padres y madres que lo usan; puede ser una alternativa para calmar al bebé si no tiene hambre, pero necesita el pecho para consolarse y la madre no puede ofrecérselo.

El chupete sirve para calmar al bebé (en inglés se llama *pacificador*) y también está demostrado que puede prevenir el síndrome de la muerte súbita del lactante. Lo usamos en los prematuros, que deberían confundirse más aún, pero lo denostamos en niños a término. Y los prematuros, que tienen tanto en contra, no se confunden.

Se dice que como el síndrome de la muerte súbita del lactante se da a partir del mes, que se use si uno quiere desde allí. Otra información sesgada. El síndrome de muerte súbita del lactante también se da en el periodo neonatal, ya lo vimos antes.

Probad a coger más al bebé, a lo mejor descubrís que no necesita el chupete para calmarse, sino que lo que quiere es tomar teta o contacto físico. Y si lo ponéis, hacedlo siempre después de darle el pecho, cuando ya ha tomado.

Protege contra el síndrome de la muerte súbita del lactante, pero no hay que forzar a que lo coja ni recolocarlo si lo suelta.

Cosas dudosas

Los pendientes en el hospital

Muchos padres y madres queréis que se le pongan los pendientes al bebé en las maternidades. La verdad es que no es un acto médico, ni se ofrece en la cartera de servicios de los hospitales. Normalmente depende de si alguna enfermera o auxiliar de enfermería quiere hacerlo por propia iniciativa tras la petición de los padres. No deja de ser una perforación del lóbulo de la oreja con una base cultural, asociada a marcar el sexo. Al menos aseguraos de que al bebé le den sacarosa, que es analgésica. Porque dolerle, le duele, como ser vivo que es. Y si sois de los que no quieren que se le pinche la vitamina K, por el mero pinchazo, pensad en para qué se hace una cosa y para qué la otra.

Instinto, misticismo

El instinto maternal es eso que dice que las mujeres saben cuidar de los bebés porque sí. Todo es natural e instintivo, pero sin embargo, en realidad, hay que enseñar y aprender. El vínculo entre madre y bebé, cuando se asocia a lactar, como la única y exclusiva forma de tenerlo, es una forma de transferencia de la personalidad de la nodriza de otras épocas. Antes se creía que se pasaba la inteligencia mamando y ahora es el vínculo. Muchos padres y madres estáis angustiados porque no encontráis el instinto en ningún lugar. Lo que todos afirman que se hace de forma automática, por instinto, vosotros no sabéis ni dónde está, ni por dónde empezar a utilizarlo. La idea del vínculo inmediato, del enamoramiento del bebé (como se dice de forma cursi), es una idea romántica y que logra hacer que unos momentos iniciales sean a veces problemáticos. Muchos padres y madres no sentís esto desde el principio, algo que también es normal.

Los nidos

En algunos hospitales, los recién nacidos se van almacenando en unas salas llamadas nidos; los padres y familiares les hacen carantoñas desde detrás de un gran cristal. La madre ni está ni se la espera. Todavía los hospitales se diseñan con esas salas; lo que es peor, en muchas clínicas de renombre los siguen usando, incluso enorgulleciéndose de dar ese servicio. El uso de nidos atenta contra el derecho del bebé a no estar separado de sus padres. Si la madre, por ejemplo, está ingresada, el padre puede estar con el bebé, no tiene ninguna incapacidad para hacerlo. No permitas que se lleven al bebé al nido para que tú descanses, no permitas que te lo traigan para las tomas, es la mejor forma de que la lactancia materna ni se inicie, ni tenga éxito. Ni siquiera es seguro para el bebé permanecer en el nido sin monitorización. No sabes qué le puede estar pasando. El bebé debe estar con sus padres, olerlos, escucharlos, tocarlos. No permitáis que os separen si no es con un fin más justificado.

Esto no da categoría a una clínica, la quita.

Los pulpitos

Hace unos meses se puso de moda meter pulpitos en las incubadoras de los bebés prematuros, porque algunos decían que se abrazaban a los tentáculos y así recordaban el cordón umbilical y mejoraban. Como si recordar el cordón umbilical fuera algo bueno, si es que alguien sabe qué están recordando los chiquillos. Habréis visto muchos hospitales donde lo hacían. Esto, que podría ser una ñoñería más, tiene varios problemas. El primero es que se ha hecho sin ninguna medida de seguridad para los bebés prematuros, cuando se sabe que son una fuente de bacterias, las van acumulando. Además, los peluches, juguetes, etc. están contraindicados por la posibilidad de asfixia en la cuna. Y, por último, nadie ha demostrado que mejoren lo más mínimo con ellos, es solo una forma de postureo moderna y de llamar humanización a lo que no lo es. Pero como vende mucho, también se ven pulpitos en las cunas de niños sanos de 4 kg. No deberían inventarse beneficios, ojalá fueran realmente eficaces.

Recordad que los que hablan de los pulpitos también recomiendan otras cosas con vehemencia, muchas las hemos comentado en este libro. Ya tenéis un dato para dudar de todo lo que se recomienda por parte de los profesionales sanitarios.

Los horarios de visitas para los niños ingresados

Hace tiempo, las unidades de neonatología, donde están los niños ingresados tenían horarios para las visitas de los padres y madres. En algunas, incluso solo de una hora al día, o menos. Si tu bebé tiene que ingresar, tú y tu pareja debéis acceder sin restricción de tiempo a la unidad, incluso por la noche. Siempre, salvo urgencia médica, os deben dejar pasar. Las unidades con puertas abiertas funcionan mejor, hay menos errores y menos demandas, porque los padres veis cómo se trabaja. En la mayoría, no os dejan pasar por la noche porque se turnan para dormir y no quieren que veáis eso. Si en vuestro hospital no se hace así, reclamad por el derecho a acceder a vuestro bebé las 24 horas del día. Incluso en cuidados intensivos deben dejaros pasar a cualquier hora del día y de la noche.

La publicidad en el hospital

Es menos frecuente cada vez, pero en algunos hospitales se reparten canastillas con productos determinados para las madres recientes, que las suelen acoger con agrado. Como cada vez son menos los hospitales que ceden a ese chantaje publicitario gratuito, las empresas directamente atacan en las visitas previas a las matronas en los centros de salud o bien vía internet, porque de alguna forma se enteran de que el niño ha nacido o va a nacer y hay que empezar a consumir. Ese es el caballo de Troya y las empresas lo saben. Si consiguen que se den en los hospitales al nacer vuestro hijo, ¿qué va a existir mejor que lo que nos dieron en el hospital? No os fieis de esos regalos publicitarios, solo quieren que el bebé sea un nuevo consumidor y forzaros a comprar sus marcas concretas. En otras ocasiones hay pósteres, calendarios y otros anuncios publicitarios en los pasillos de los centros de salud o en las consultas prenatales de las matronas.

La publicidad en casa

Las empresas, de alguna forma (posiblemente legal), obtienen vuestros datos y saben que vuestro hijo o hija ha nacido. Os bombardearán con publicidad y con muestras gratuitas de cosas, porque entienden que vais a gastar lo que haga falta con vuestro nuevo retoño. Si es el tercer bebé, probablemente no piquéis el anzuelo. Os llegarán revistas a casa sin saber por qué, de forma gratuita. Algunas son catálogos de publicidad disfrazados de información. Por eso son gratuitas. En ellas, se mezclan reportajes de clínicas y profesionales privados (no olvidéis que son publicidad encubierta) y consejos que en muchas ocasiones están desactualizados e incluso son tendenciosos. Leedlas con precaución, os crean la necesidad en una página y te ofrecen la solución al lado, con nombres y apellidos. Te crean necesidad de comprar cosas, por eso os las mandan.

Sangre de cordón

Mientras esperáis al bebé, es posible que hayáis pensado en si vais a conservar la sangre de su cordón umbilical. La sangre del cordón umbilical contiene células a partir de las que se puede formar cualquier componente de la sangre y pueden usarse en enfermedades en las que es necesario hacer un trasplante de médula ósea, como en algunas leucemias, algunos tipos de anemias y en deficiencias del sistema inmunológico.

Hay bancos de cordón públicos y privados. En España no se puede donar la sangre de cordón para un posible uso posterior, a no ser que sea a un banco público. De hecho, actualmente en España no hay bancos privados. Por eso muchos ginecólogos ofrecen coger la muestra y mandarla fuera de España, por ejemplo, a Portugal. En algunos hospitales de España esto también está prohibido.

Sin saber cómo, antes del parto, puede que os llegue publicidad sobre esos bancos de la península (península sí, España, no). Las asociaciones pediátricas más importantes a nivel mundial desaconsejan la conservación de sangre de cordón para fines particulares, en especial porque esos centros no dejan de ser empresas, y puede que cierren o se afecten por otros motivos. Solo en casos muy concretos de enfermedades familiares tendría sentido usar un banco privado, porque la mayoría de padres y madres que llevan la sangre de cordón a un banco privado, por suerte, nunca la necesitarán. Además, la probabilidad de encontrar una sangre compatible es mayor en un banco público que en la sangre de un hermano anterior.

También existe aún el temor de que usar las células madre del mismo niño sea un procedimiento seguro.

Hay muchos intereses económicos y de miedo para mandar la sangre de cordón a bancos privados; se usan informaciones sesgadas sobre las posibilidades de que un niño precise un trasplante de células madre de cordón a lo largo de su vida. El miedo.

Si queréis donar la sangre de cordón, informaos antes del parto con vuestra matrona y obstetra sobre si donde vayáis a tener el bebé se puede donar a un banco público. Cuidado con las recomendaciones de los bancos privados: por cada cordón donado, todos los que entran en el proceso se llevan en ocasiones parte del dinero (matrona, ginecólogo).

Las salas de lactancia

Las salas de lactancia son una especie de guetos donde los papás y mamás deben esconderse para alimentar a sus hijos, especialmente si le dan leche materna, porque la artificial no suele molestarle a nadie en público. El uso de estas salas me parece bien si la madre quiere, pero no para esconderse, ni tampoco me parece que compartirlas con el baño y con el olor nauseabundo que suelen tener sea una solución, además de que no es nada higiénico. Yo no recomiendo su uso.

Hay que normalizar la lactancia. La sala de lactancia es cualquier lugar donde la madre y el bebé estén. Con ellas se consigue normalizar lo contrario, que las madres se tengan que ir a ese recinto, aisladas, y que se entienda como un conflicto dar el pecho en público, o se pida que se renuncie a la lactancia materna para tener una vida social. Si ya tenéis este recinto, dar en otro lugar no es correcto, parecen decir esas salas.

Partos a la carta

Está de moda, especialmente entre el famoseo, parir a la carta, concretamente, realizar una cesárea cuando viene bien. Esto se ve muy frecuentemente en el ámbito privado, pero también en el público. Se cita, por ejemplo, en el hospital público a las pacientes de la privada el día que está ese ginecólogo, para hacerle una cesárea a su clienta. Las cesáreas de este estilo deberían hacerse al menos en mayores de 38 semanas, no antes, porque se asocian a mayores problemas, como ingreso en UCI o muerte del bebé.

Las aplicaciones móviles de médicos

Como hoy vivimos conectados a pantallas, se venden seguros donde unos médicos están al otro lado para consultar lo que uno quiera, como si eso fuera bueno, sin poder ver al bebé. En otras páginas, te cobran por mantener mensajes con el experto por WhatsApp durante unos minutos concretos. Muchas de ellas, sobre lactancia y crianza, incluso dan cursos de formación y certificados que solo valen en... en ningún sitio. Detrás de muchas personas conocidas en este mundo solamente hay cursos de formación a más de mil euros la matrícula. Eso no es medicina, es solo una aplicación del móvil para quitar vuestra ansiedad. Buscad un pediatra para vuestro bebé. Vuestra criatura lo agradecerá.

Collares

Se ven por ahí bebés con collares de ámbar que dicen que son muy buenos para los dolores, pero para lo que mejor van es para que el bebé se estrangule con ellos. Y en algunas páginas de maternidad y porteo los venden. Ya os podéis hacer una idea del resto de cosas.

El mito de lo natural

Hay una tendencia a asumir que todo lo natural es mejor. Esa falacia de lo natural está tan extendida que lo abarca todo. Lo natural es un proceso cultural, se construye en cada lugar y momento concretos. Más natural que morirse de una neumonía no hay nada, o de una hemorragia en el postparto, o de tétanos neonatal al cortar el cordón, o si uno nace con menos de 34 semanas. No hay nada más natural que pasar una meningitis o morir en el parto. Viva la naturaleza, que es muy sabia.

En algunas páginas de apoyo a la lactancia se dan consejos como que «una mamá sabe mejor que nadie lo que tiene que hacer», «el cuerpo sabe mejor que ningún experto qué necesitas», etc. Chamanismo y uso de la ciencia solamente si va a favor de lo que yo ya he decidido. También se dice de muchas cosas que son lo natural, dejando a las demás cosas como contranatura, y haciendo que los consejos médicos no tengan valor, salvo que sean favorables a sus postulados.

Puede que estéis tentados a usar productos de herboristería porque son naturales. De muchos de ellos no se sabe la composición real que tienen ni hay forma de saberlo y los efectos en el bebé son poco predecibles. Recuerda que la mayoría de los fármacos, inicialmente, se sacaban de plantas.

También se usan ejemplos de animales para apoyar una u otra teoría, hay libros muy famosos de lactancia y crianza que citan estos animales, pero no se nombran los animales que hacen lo contrario, como los que se comen a sus crías o a las crías de sus vecinos. Es mejor hablar solo de los animales que nos van bien. O como cuando hace varios siglos se abandonaban a los bebés en las calles, de forma muy frecuente, y también habría instinto, digo yo.

Las apelaciones a lo natural sirven para fundamentar una visión moral en una realidad externa. Todas las apelaciones a lo natural son selectivas y están sesgadas.

La verdadera esencia de lo natural es la flexibilidad y adaptación al medio. Eso sí que es parte de nuestra naturaleza.

Las hormonas

Existe el mito de que la madre está influenciada por las hormonas, de tal forma que todas sus reacciones se deben a eso, a las hormonas, como si hubiera perdido su capacidad de raciocinio, como si la madre fuera tonta y no supiera, como si su comportamiento fuera mecánico. Son las hormonas, no es ella. Es incapaz de controlar lo que le pasa, por las hormonas. Por lo visto, no tenía hormonas hasta que se quedó embarazada. Es otra forma de infantilizar a las mamás, muy frecuente y muy recurrente entre las propias madres y profesionales cercanas. La mujer como ser irracional y primitivo, natural, que se comporta por instinto, debido a un torrente hormonal. Si eso os parece bien, yo lo veo como una forma de machismo. Las hormonas no explican por qué algunas no quieren lactar o por qué muchísimas han querido a sus bebés en circunstancias muy variopintas sin poder contactar con ellos. Cuando leáis textos donde digan que la oxitocina es la hormona del amor, empezad a dudar.

Lazos rojos

En los carritos de los bebés suelen colgarse unos amuletos con forma de campanilla, o de lazo, pero de color rojo. Aunque creáis que son de adorno, esos lazos son para evitar el mal de ojo, esa creencia en la que alguien, mirando al bebé, es capaz de provocarle un daño o una enfermedad. Muchos padres dicen que no creen en eso, pero lo perpetúan llevando esos fetiches cerca del bebé. Parecido significado tienen las manos de azabache cerradas (las *figas*) y otros símbolos. Está claro que cada uno cree en lo que quiere, pero siempre que vais al pediatra con estos amuletos, es lo que estáis diciendo, por si no lo sabíais.

Las rutinas

Es muy frecuente encontrar guías donde no se para de decir que hay que imponer rutinas a los bebés, algunas incluso desde recién nacidos. Rutina para el baño, rutina para la alimentación, rutina para el sueño… Ser estrictos con los bebés, cuando en el mundo de los adultos cada vez se lleva más el *sé feliz a toda costa, sois los mejores padres* y otros mensajes autocomplacientes, tipo Mr. Wonderful. Debería ser al revés. Dejad al bebé ser un niño, y adaptaos a él, no al contrario. Menos rutinas y más cercanía. Lo habéis tenido para quererlo, no para entrenarlo.

La homeopatía

La homeopatía, como cualquier otra pseudociencia, no cura casi nada, aunque hay personas que mejoran síntomas menores, por el llamado efecto placebo. Mi consejo sería que cambiarais de médico o farmacéutico si os recomienda homeopatía, la verdad. En pediatría casi nunca hay que mandar medicaciones, aunque como muchos padres la demandan, algunos pediatras dan homeopatía. El dar un medicamento es casi un acto ritual, cura cosas, aunque lo que se dé no sea más que agua con azúcar. Esa es la gracia de la homeopatía: no hace nada, la mayoría de las cosas que trata no tienen importancia y los padres creen que hacen algo, además, natural, con lo que es un Kinder sorpresa perfecto en la salud. Eso sí, a un precio elevado, que lo caro hace más efecto. Las empresas homeopáticas son, como las demás, empresas farmacéuticas.

Algunos pediatras, además, creen que funciona. Pero la mayoría solo os están engañando. Y os estáis dejando engañar.

Ecografías emocionales

También se pueden hacer ecografías emocionales en las que se ve al bebé intraútero solo por el beneficio de verlo. Hay un tremendo beneficio económico tras ellas. Todo lo que lleve la palabra vínculo vende mucho y estas ecografías dicen que aumentan el vínculo materno y esas cosas. Miles de años sin hacerlas y, por tanto, sin vínculo con los bebés, hasta ahora. Si necesitáis la ecografía para el vínculo, vosotros mismos puede que tengáis que recibir algún tipo de ayuda. Las principales sociedades científicas recomiendan hacer las mínimas ecografías normales (esas que no son *vinculantes*), unas tres si todo está bien. Y no pueden decir que las ondas sean inocuas en exposiciones prolongadas, ya que hay datos en animales que hacen tener precaución. Es un negocio tremendo.

Música intraútero

Algunas personas creen que ponerle música a los bebés antes de nacer (y también después), los convertirá en personas más listas, más sensibles o más lo que sea. Si la música es de Mozart, mejor que mejor, no tendréis una bebé normal, sino a un futuro genio (todo el mundo sabe que escuchar música clásica te hace más listo). Incluso hay dispositivos comerciales para ponerle música intravaginal al feto. Como todo lo que se comercializa, con estudios a favor, pagados por los que hacen el aparato. Sin estudios a largo plazo sobre el desarrollo de esos bebés, y las posibles consecuencias en su cerebro en formación. Yo lo de meter un altavoz en la vagina no termino de verlo.

Fiestas prenacimiento, baby shower

Se han importado de Estados Unidos las fiestas prenacimiento, muy asociadas a las ecografías emocionales. Es otra forma más de consumo.

Hay que plantearse si es mejor hacerla antes, cuando aún no ha nacido, o mejor esperar. Ya sabéis que las ecografías son solo pruebas, y hasta que el bebé nace, es examinado y pasan algunas horas, son unas pruebas que solo sugieren. Solo eso, no la realidad. He visto fiestas de niños que al nacer eran niñas o no se conocía su sexo. Por lo menos, pensadlo. ¿Queréis empezar con las visitas ya antes del parto?

Los métodos con nombre de persona

Esto es muy personal, y a lo mejor no os sirve, pero yo desconfío de los métodos con nombre de persona. Me pasa como con las dietas. Si es la dieta de un fulano, desconfío. Si es el método de un mengano, también.

Los grupos de WhatsApp

No hace falta que os comente que hay grupos de WhatsApp para todo, hay grupos de apoyo a madres en los que se reciben muy buenos consejos. Pero también consejos equivocados. Y grupos tóxicos. En algunos se duda de todo lo que el pediatra os haya dicho y se excomulga del conocimiento que pueda tener. En otros, se os mete miedo con historias terroríficas o se intenta que el caso que le pasó a una de ellas sea el modelo a seguir. Se recomiendan tratamientos y pruebas porque a ellos les fue bien. Muchas páginas permiten conectarte al WhatsApp del «experto» durante unos minutos para preguntarle por determinada cantidad de dinero. En el tema de la lactancia materna es donde más hay. Buscadlas, hay cientos.

Los aparatos para medir las constantes vitales

En este ambiente de seguridad frágil y salud transitoria, se venden muchos aparatos para captar las constantes vitales del bebé que mandan la información a una aplicación en el teléfono móvil. Desde osos en la cuna, a calcetines que detectan la frecuencia cardiaca y la respiración, pasando por bodis que almacenan esos datos o pinzas que se ponen en el pañal para detectar si el bebé respira, colchones que detectan si un bebé vomita o pañales con un código QR para saber si el bebé ha orinado o no. La cantidad de estos productos cada vez es mayor y lo que no dicen es que solo os crean más ansiedad, más agobio y más estrés. Tampoco dicen que ninguno de ellos ha demostrado utilidad y sí ser fuente de muchos miedos. Las cosas que sí son útiles, y que no valen nada, no se suelen ni mencionar.

El nicho de los bebés

El mundo de los bebés es un nicho comercial impresionante, muchos padres y madres se dejan seducir por los productos que la publicidad dice que hay que tener de forma casi imprescindible. Todo el mundo os dirá «necesitáis esto», «necesitáis lo otro», etc., cuando la mayoría de las veces no necesitáis nada. Muchas de estas cosas simplemente cubren necesidades que no existen, pero que os fuerzan a pensar que hay que satisfacer. Si, además, le añadimos algún dato de beneficio médico para el bebé, estamos fomentando una compra compulsiva, todo influido por el «¿no le vas a dar lo mejor a tu bebé?».

Además de las revistas gratuitas, muchos centros comerciales y jugueterías hacen sesiones sobre embarazo, maternidad y lactancia para convenceros de que tenéis que comprar cosas. En muchas de estas publicidades se obvia lo más importante, la necesidad de real de usar esos artefactos.

Y no penséis que el que esté avalado por sociedades pediátricas es una garantía. Ni mucho menos. A veces ese aval es dinero que han invertido en esa sociedad científica para que puedan usar su logotipo, para así, vender más. Tenemos ejemplos sangrantes en los que asociaciones de pediatras y de otros profesionales, recomiendan productos y marcas concretas lejanas a lo que el bebé de verdad necesita.

Muchos de los blogs sobre lactancia y crianza son plataformas para vivir de esto y de sus ventas. Te venden desde collares para la lactancia a mordedores para el bebé o cojines antiplagiocefalia. Las empresas también conocen de la influencia de las redes sociales y el microblogging y patrocinan sorteos de sus productos en infinidad de blogs, incluidas canastillas y cosas así. Critican a las farmacéuticas mientras sortean un lote de productos de una marca al que deje un comentario en sus blogs.

El carné de buena madre

No existe el carné de buena madre, o de la mejor madre, aunque parezca que ese es un objetivo *per se*. Y tampoco el del mejor padre. Ni siquiera nadie puede decir que el carné lo da él o ella, aunque muchísima gente valora a los demás en función de cómo lo hacen de diferente a ellos mismos.

Se dice que no hay que juzgar a las madres, pero se dice porque se las juzga a todas horas, especialmente unas madres a otras. No hay que juzgar a las madres, para en la siguiente frase, juzgarlas.

Hay tantas formas de hacer las cosas en la maternidad, la paternidad y la crianza, que casi todas las opciones son correctas, aunque hay una gran tendencia a creer que lo que uno elige es lo mejor; lo demás no es solo otra opción, sino lo peor. Sin términos medios. Sin matices. Sin ponerse en el lugar del otro. Queriendo ser los redentores del mundo por tener a un bebé, cambiar con vuestros actos al resto de la Humanidad. Convencerlos de que están equivocados (los demás).

Se vive todo lo relacionado con los niños como una guerra entre posturas opuestas, en las que se arrojan argumentos para convencer «al otro» de que no lo está haciendo bien, lo que denota un activismo para reforzar la postura de cada grupo, o bien, se magnifican los posibles agravios para que la sensación de pertenencia a una corriente aumente.

Si habéis leído libros antes del parto, ya habréis notado que todos son muy diferentes, opinando de forma diametralmente opuesta en muchos temas y denostando a los otros. Incluso algunos solo sirven para una forma de alimentación, una forma de crianza, etc., obviando que hay muchos tipos de familias. De esta forma, es normal que os encontréis perdidos o que toméis parte en guerras ficticias. Yo no soy pediatra para un tipo de niño o de madre, sino para todos los tipos de niños y madres.

Lo mejor para vuestros hijos no es lo que este o aquel, o yo mismo diga, ni lo que los abuelos, las amistades o los libros recomienden. Lo mejor sois vosotros, con el estilo de crianza que elijáis, con la alimentación que deis y con el cariño que seáis capaces de ofrecer. El amor se ensancha mucho, pronto no entenderéis cómo vivíais antes sin vuestro recién nacido.

Y desde luego el carné, si existiera, no os lo darían por dar leche materna o artificial. Sé que es difícil de leer, pero ser madre y padre va más allá del tipo de alimentación. No es el único tema, aunque mucha gente solo hable de eso. A veces las personas que dan el pecho y los profesionales se autoarrogan el título de estar más satisfechos que los demás y de tener mejor vínculo y cosas así. Me parece que lo hacen para no decir que se creen que son mejores.

Si decidís dar fórmula artificial tras una reflexión informada, ni sois peores padres y madres, ni queréis menos a vuestro hijo ni nada por el estilo. Os lo podrá parecer, porque las posturas se radicalizan y se dice que hay que respetar a esos padres, cuando en general lo que se piensa es que hay que tolerar a esos padres. Hay una sanción social no reconocida abiertamente, si no se hace. Se dice que la madre elige libremente, pero si decide no dar de mamar se piensa con frecuencia que no lo ha hecho libremente o que no ha tenido suficiente apoyo. Por tanto, es una falsa elección, la única respuesta posible es sí. Nadie considera que el que las madres no den el pecho un determinado tiempo pueda ser simplemente porque no quieran, o quieran vivir su maternidad de otra forma. Salvo que sea una mala madre. Ay, toda madre lo es para otras personas.

Las madres reales tenéis deseos e intereses; negarlos es negaros vuestra condición de personas.

La familia, por ejemplo, suele mandar mensajes bienintencionados que cuestionan la forma en que los padres alimentan al bebé. Sea la que sea. Cuando tenéis al bebé, de forma mágica, cualquier persona entra a valorar con criterios morales lo que hagáis. Primero los sanitarios, después vuestra familia y amigos. El embarazo y el bebé recién nacido de repente pasan a ser de dominio público, cuando antes nadie se atrevería a opinar si te pones demasiadas corbatas o si el traje pega con los zapatos. Ahora, con vuestro bebé, sí.

El mito de lo natural, una de las falacias modernas, se une a expresiones como que las cosas se hacen por instinto, cuando es falso. Nuestras acciones están condicionadas por la sociedad en la que vivimos; el instinto es parte de otra reducción a lo natural. La que no se comporta como la norma, ¿es que no tiene instinto? Probablemente no, es una mala madre. No tiene ese mecanismo mágico, es defectuosa.

Pero que no os sorprenda, aquí nadie se libra. Siempre hay un grupo que te coloca como mala madre, hagas lo que hagas. Por eso, las que tienen bebés por fecundación in vitro son criticadas por las que lo han conseguido de forma tradicional o al revés, y las que han tenido un parto vaginal, a veces dicen que ellas son madres de verdad, no como las de parto por cesárea, que son madres falsas, por lo visto.

Hay una tendencia actual a hacer ver que todas las madres son maravillosas, que existe la madre perfecta. Esta obscenidad sentimental ahonda en el problema de no ser una buena madre, ya que con todo el esfuerzo, no se llega, ni de lejos, a lo que se espera de las mamás, o a lo que los medios y la sociedad dicen que una madre, una buena madre, debería hacer. La realidad suele ir por otro lado: si esas madres perfectas fueran solo la mitad de perfectas que venden a los demás, el mundo sería un lugar maravilloso.

En algunas madres y padres hay una sensación de intranquilidad, apatía y sentimientos negativos hacia el bebé, sentimientos que en teoría no tenían que tener, ya que parece que todo debe ser felicidad y gozo, pero esos padres y madres no están así. Creían, o les habían inducido a creer, que el amor hacia el bebé era algo automático y en ocasiones no es tan sencillo, llegando a un sentimiento de culpa que entra por varios frentes. Les habían dicho que justo al nacer, te enamoras del bebé, pero solamente encuentran tristeza y depresión, o frustración por no conseguir lo que todo mundo dice que llega si se intenta. Poco a poco os iréis adaptando a él, con ayuda de pareja, amigos y familiares. Si esta sensación no cesa, quizá necesites hablarlo con una persona que pueda ayudaros, como otras madres o profesionales. Echarle la culpa a las hormonas es reducir todo otra vez al componente animal e irracional de las madres.

Poco a poco aumenta la confianza en uno mismo cuando va gestionando las demandas del bebé, sobre todo si las expectativas son realistas: si uno quiere ser superpapá o supermamá, acabará decepcionado y desilusionado, ya que es una meta imposible.

No creo que nadie pueda decir que sea buen o mal padre o madre con seguridad cuando acaba el día, pero planteárselo de vez en cuando es una buena forma de comenzar.

No competís por ningún título; la mayoría de los superpapás y mamás son falsos. Son lo mismo que las y los modelos de la tele comparados con la gente normal. Tendréis aciertos y errores, y de esos errores obtendréis nuevos aciertos. El camino no es fácil y las certezas son pocas. Sois solo el papá y la mamá de esa criatura. Que el resto diga lo que quiera.

Las malas madres a veces solamente están respondiendo de forma adecuada a sus circunstancias, que son las suyas, no las de otras. Es fácil opinar de los demás sin ponerse en su situación.

Si decidís dar el pecho, que yo es lo que recomiendo, también os juzgarán, incitando a la mamá a que deje de darlo prácticamente todos los días, restringiendo los lugares públicos donde puede hacerlo y dudando de si lo que hace, especialmente cuando pasa de un año de lactancia, sea bueno para el bebé. En ocasiones, entre las propias mamás que dan el pecho, se considera que darlo solo seis meses no es nada, que no tiene ningún mérito. Esas mamás son sometidas también a una censura social de la que es difícil salir, porque sigue sin entenderse que una madre dé el pecho hasta que el bebé y ella quieran. Están igual de presionadas. También es mala madre la que quiere empezar a trabajar cuando podría no hacerlo o la que comparte su permiso de maternidad con su pareja.

Si estás pendiente del bebé, serás una mamá drama; si delegas mucho en otros, una mamá desprendida y pasota. Si intentáis hacer caso a todos saldréis locos.

Intentad obtener información adecuada y elegid, lejos de dogmatismos, la forma de cuidar a vuestro bebé.

Por tanto, el carné no existe. No se lo deis vosotros a nadie, y no os lo dará nadie a vosotros. Cada padre y madre intenta hacer lo mejor que puede en sus circunstancias.

BUROCRACIA

Papeleos

El papeleo que requiere un bebé recién nacido pasa en gran medida por el lugar de nacimiento por lo que puede haber variaciones. Gracias a internet, hoy es fácil buscar qué se necesita en el lugar concreto donde vivas, eso os ahorrará muchos paseos. Los requisitos y prestaciones van variando con el tiempo.

Registro civil

Necesitas un certificado de nacimiento del bebé para poder registrarlo. En algunos sitios, se puede hacer desde el propio hospital, lo que facilita bastante. Para hacerlo en el hospital, tenéis un plazo de solo 72 horas. Os llegará el certificado oficial de nacimiento por correo ordinario o electrónico, ya que no se usa el libro de familia.

Si lo hacéis en el registro civil directamente, debéis pedir cita primero para inscribirlo. Puede que porque en vuestro hospital no se haga, hayan pasado más de tres días desde el parto, uno de los progenitores sea menor de edad, o si ninguno de los progenitores es español y además sois de diferente nacionalidad.

Si es en el registro civil, debe ir la madre con el padre si no estáis casados para firmar un papel donde la madre reconoce que ese señor (tú) eres el padre; si estáis casados ya no hace falta (se supone que el marido es el padre). También necesitas un certificado del estado civil; si estáis divorciados más aún. Mi consejo es que pidáis información en el registro civil de vuestra localidad sobre qué documentos debéis aportar para ir a la cita sobre seguro, porque con los años pueden ir cambiando.

A esta cita hay que ir con el nombre del niño decidido y el orden de los apellidos también. Allí rellenaréis datos del parto en otros papeles.

En el registro civil hay un plazo máximo de diez días para hacer el registro; si se pasa, tienes otro plazo hasta los treinta días, pero hay que justificarlo.

Una vez completado este paso, hay que inscribirlo en la Seguridad Social o en el seguro que los padres quieran.

Seguridad Social

Deberá inscribirlo la persona en cuya cartilla de la Seguridad Social vaya a quedar acogido. Esto suele hacerse en la Tesorería, y sigo insistiendo en informarse antes de ir a pedir cita. Allí os piden además del DNI, la tarjeta de la Seguridad Social y el certificado de nacimiento que os envían.

En esa misma tesorería os suelen dar los papeles para pedir la prestación por la baja maternal y la paternal, para presentarlos ya rellenados con un certificado de la empresa firmado por esta, y la baja médica dada por vuestro médico.

Tarjeta sanitaria y centro de salud

Con todo esto, ya podéis ir al centro de salud para que os asignen un pediatra, o solicitar el que queráis, si es posible. Además, debéis rellenar un documento donde se solicita la tarjeta sanitaria para el bebé. Es conveniente en esa visita acordar la primera revisión con el pediatra o la enfermera. Si es en una compañía privada, en vez de esto, hay que ir a la sede de dicha compañía. Si por cualquier motivo todavía no se ha inscrito al bebé en la Seguridad Social, en el centro de salud os pueden citar igualmente para la primera revisión.

Baja maternal

En España actualmente es de dieciséis semanas, con dos semanas más por cada bebé si hay más de uno. En caso de partos prematuros o en los que el recién nacido precisa hospitalización de más de siete días, se ampliará el mismo número de días que esté hospitalizado con un máximo de trece semanas. Las seis primeras semanas son para la madre en exclusiva, el resto puede compartirlo con la pareja.

La baja por maternidad os la tiene que dar vuestro médico de cabecera. Deberéis presentarla en vuestra empresa para obtener un informe de donde trabajéis para poder presentarlo en la Seguridad Social y poder obtener la prestación. Además, hay una deducción de cien euros al mes a las madres trabajadoras que da Hacienda, hasta los tres años.

La baja de maternidad en España debería ser, como mínimo, de un año.

Baja paternal

Actualmente en España es de ocho semanas, con dos días más por cada hijo en los partos múltiples. También os la dará vuestro médico de familia. Para pedir la prestación, también necesitáis el certificado de la empresa y rellenar la solicitud de la Seguridad Social. Parece que se va a ampliar más en los próximos años.

Permiso de lactancia

Se puede pedir un permiso de lactancia, que consiste en una hora de la jornada laboral hasta los nueve meses; en caso de prematuros, hasta los nueve meses contando desde la semana 40 de gestación (otra vez la edad corregida). Preguntad en vuestra comunidad cómo se aplica este permiso, ya que puede variar, desde hacerlo día a día a tomarte todo ese tiempo de una vez. Eso sí, es independiente del tipo de lactancia.

En algunos casos, según el tipo de trabajo, puede haber un riesgo para la lactancia que haga que te tengan que cambiar de puesto. Infórmate en tu trabajo.

Reducción de jornada y excedencia

Se pueden pedir excedencias sin sueldo durante los primeros tres años; hasta esa edad, se deben conceder sin perder antigüedad en la empresa. En la reducción de jornada, se trabaja menos horas y se cobra menos, pudiendo elegir el trabajador desde un octavo del tiempo reducido hasta la mitad de la jornada, y como mucho hasta los doce años de un niño. Consulta en tu centro de trabajo, porque puede variar.

El nombre del bebé

Muchos padres quieren nombres sonoros o graciosos, o de personajes de series de televisión, o porque tienen un significado especial en otro idioma. También se ve de vez en cuando en los hospitales recién nacidos llamados «RN» porque los padres aún no han decidido el nombre. En España, el nombre del bebé hace ya mucho tiempo que no tiene que estar en la Biblia, pero aun así tiene algunas limitaciones. Solo un consejo: hay nombres populares ahora que en unos años nadie sabrá que pertenecen a una serie o canción de moda. Pensad en el bebé y en que lo va a llevar toda la vida.

Las reglas son sencillas, aunque al final también depende de la opinión del funcionario del registro, que puede entender que el nombre es ofensivo contra el niño y negarse a registrarlo así. No se le puede poner a un bebé más de un nombre compuesto ni más de dos nombres simples, salvo que seas de la realeza. Tampoco valen diminutivos confusos, ni nombres que fomenten ambigüedad sobre el sexo del bebé, ni el mismo nombre de un hermano vivo (sí se le puede poner el nombre de un hermano fallecido).

El orden de los apellidos actualmente se puede cambiar si los dos progenitores lo desean. Si no hay apellidos paternos, se suelen poner los de la madre. Tampoco se permiten diminutivos o variantes salvo los que ya se consideran como nombres propios: Pepe, Lola, etc.

En internet hay cientos de páginas con listas de posibles nombres para niños y niñas. En la página del Instituto Nacional de Estadística están los nombres más frecuentes de recién nacidos niñas y niños de los últimos años. Por ejemplo, en 2016, los más frecuentes de niñas fueron Lucía, Martina y María, todos con más de 4.000 bebés llamados así; para niños, con cifras similares, Hugo, Daniel y Martín.

Los datos del 2017 son Lucía, Sofía y María, y para niños, Lucas, Hugo y Martín.

¿Cómo elegir al pediatra del bebé?

Si podéis elegir el o la pediatra de vuestro bebé sería lo mejor. Incluso antes del nacimiento de la criatura.

Pero muchas veces los padres lo que queréis es una segunda, tercera o cuarta opinión, además de la del pediatra que al bebé le asignan. Una opción interesante es analizar qué te debe hacer pensar en uno u otro como profesional.

El pediatra de vuestro bebé no puede ser el pediatra de urgencias (porque no todas las consultas son una urgencia); se merece un pediatra que le asista durante toda la infancia, en el que tengáis confianza para todos los procesos que vuestro bebé tendrá. Entonces, ¿cuál elegir? Hay muchas opiniones, depende de vosotros y vuestras necesidades.

Hay más de veinte especialidades pediátricas. Habrá casos en que se necesite a alguno de estos, pero su pediatra de cabecera, el que le atenderá casi siempre, ¿qué cualidades debe tener?, ¿qué debéis buscar?

• Abstenerse de la fama social como único dato. Eso no es sinónimo de nada, a veces. La fama de muchos es, en ocasiones, un fenómeno que el resto de pediatras no entiende, o se echan las manos a la cabeza porque se aleja de toda buena práctica clínica.

• Consultad a amigos que tengan ideas parecidas a vosotros en el manejo de los bebés, si tienen vuestra misma filosofía, ya que en muchos casos ya habéis visto que los motivos de las recomendaciones son sociales y culturales. Preguntad cómo se maneja el pediatra con esas creencias.

• Cuando lo hayáis elegido, analizad cómo se comporta. Si está actualizado, si se disgusta cuando le hacéis preguntas…

• Debe preguntaros por vosotros y vuestro bebé, y explorarlo al completo, al menos la primera vez que lo ve.

• Debe preguntaros qué creéis que le pasa al bebé. No debéis olvidar que vosotros sois los que más lo conocéis, sois su padre y madre, y los que más tiempo pasáis con él.

• Debe saber escucharos. Parece una tontería, pero muchas personas no escuchan, o solo se escuchan a sí mismas.

• Debe saber contestar preguntas, aunque a veces habrá cosas que no sepa. Si lo sabe todo, siempre, es que se está inventando cosas.

• La mayoría de las veces no debe mandarle nada al bebé, ni aunque vosotros queráis. Si siempre os resuelve las dudas con un medicamento o una prueba, mal asunto. La mayoría de los bebés son niños y niñas sanos.

• Si es de los que dan valor a las pruebas de forma absoluta, u os asusta por causas poco justificadas, pensad en cambiar. Algunos médicos creen que hay que hacer todo lo que se pueda siempre, que por algo los padres llevan al bebé, incluso para descartar las posibilidades más remotas. No contribuyáis a eso.

• Debe daros, además, consejos de salud más allá de la visita médica y no fomentar la sensación de salud frágil e insegura, que precisa de citas constantes, salvo que estén justificadas.

• Si os aconseja no vacunar al bebé de nada, el cambio está más que justificado.

• Desconfiad si vuestro pediatra tiene todo muy claro y os tenéis que ceñir a todo lo que él o ella dicen, sin ofreceros opciones.

• Tendréis que aseguraros del horario y de si siempre será el mismo, cosa poco probable fuera de unas horas, y quiénes son el resto del equipo, así como también cómo es la enfermería especialista en pediatría.

• Debéis saber qué piensa sobre la lactancia materna, sobre los antibióticos, sobre las pruebas, sobre las vacunas, etc. Es importante estar de acuerdo en temas significativos para poder confiar en él o ella.

Epílogo

La etapa que estáis comenzando está llena de nuevos sentimientos, pensamientos y acciones, todas encaminadas a cuidar a vuestro bebé de la mejor forma posible.

Casi nadie tiene certezas, y una de las mejores formas que los humanos tienen de aprender es equivocarse. No hay padres ni madres perfectos.

Disfrutad de estos momentos, no sufráis por problemas innecesarios si realmente no existen. Lo que vosotros decidáis hacer con vuestro bebé, siempre que se acompañe de amor, cariño, cuidados y respeto hacia él y hacia vosotros mismos, será lo mejor para vosotros y vuestro bebé.

¡Enhorabuena!